吉林财经大学资助出版图书
2017 年吉林财经大学博士基金项目，项目编号：2017B20
项目批准单位：吉林财经大学

创业意愿与创业行为
转化机制研究

RESEARCH
ON THE TRANSFORMATION MECHANISM OF
ENTREPRENEURIAL INTENTION
AND ENTREPRENEURIAL BEHAVIOR

刘宇娜　著

社会科学文献出版社
SOCIAL SCIENCES ACADEMIC PRESS (CHINA)

摘 要

创业研究的核心要素就是创业者和创业机会，而有意愿和能力来完成创业行为是必要的。在创业者有了创业意愿后，创业行为的开展就变得尤为重要了。而创业学习以及创业机会识别对创业行为的开展具有重要影响。

本书以有创业意愿的人为研究对象，分析创业意愿、创业学习、创业机会识别与创业行为之间的关系。第一，本书通过前期理论回顾与梳理，分析了创业意愿、创业学习、创业机会识别与创业行为之间的关系，发现创业意愿、创业学习、创业机会识别对创业行为均具有正向影响。第二，本书在创业意愿的理论模型、创业行为的相关理论的基础上，分析了创业意愿与创业行为关系的内在作用机制，构建了"创业意愿—创业学习、创业机会识别—创业行为"的中介效应模型，同时，个体创业者的特质以及个体创业者所处的创业环境影响着创业意愿与创业行为各个变量之间的关系，据此提出本书的研究假设。第三，本书通过对少数创业者的深度访谈和小范围的预调研对问卷的合理性进行了初步分析，根据访谈的建议和量表的因子分析，修订和完善了本研究的调查问卷。实证研究过程使用信度和效度分析、回归分析等实证研究方法，对本书提出的30个研究假设进行了实证检验。第四，本书针对实证检验结果提出了研究结论和未来研究展望。

本书实证检验得出的结论如下。第一，创业意愿及其维度感知希求性和感知可行性对创业行为具有显著的正向影响。第二，创业学习及其维度经验学习和认知学习对创业行为具有显著的正向影响，同时创业学习在创业意愿与创业行为的关系间存在部分中介效应。第三，创业机会识别及其维度机会可行性和机会盈利性对创业行为具有显著的正向影响，同时创业机会识别在创业意愿与创业行为的关系间存在部分中介效应。第四，创业学习对创业机会识别具有显著的正向影响，并且创业学习和创业机会识别在创业意愿与创业行为之间具有链式二重中介效应。第五，创业者特质对创业意愿与创业行为之间的关系具有显著的正向调节作用，而在创业意愿与创业机会识别之间的调节作用并不显著。第六，环境不确定性对创业意愿、创业机会识别和创业学习与创业行为之间的关系具有显著的正向调节作用，但环境不确定性对创业意愿与创业机会识别之间的调节作用并不显著，在创业意愿与创业学习之间具有负向调节作用。

目 录

第一章　绪论 ·· 001
　第一节　创业行为的影响因素分析 ··· 001
　第二节　创业意愿与创业行为关系研究的重要意义 ························ 003
　第三节　创业意愿与创业行为关系研究的内容和方法 ···················· 005

第二章　创业意愿与创业行为相关理论概述 ······································ 008
　第一节　创业理论概述 ··· 009
　第二节　创业行为概述 ··· 011
　第三节　创业意愿概述 ··· 021
　第四节　创业学习概述 ··· 030
　第五节　创业机会识别概述 ·· 042
　第六节　创业者特质概述 ·· 047
　第七节　环境不确定性概述 ·· 053

第三章　创业意愿与创业行为转化机制的理论分析 ·························· 059
　第一节　创业意愿与创业行为转化机制的理论框架模型 ················ 059
　第二节　创业意愿与创业行为转化机制的研究假设 ······················· 060

第四章　创业意愿与创业行为转化机制的研究设计 …… 077
- 第一节　创业意愿与创业行为关系访谈调研 …… 077
- 第二节　创业意愿与创业行为关系调查问卷设计 …… 080
- 第三节　调研数据收集 …… 081
- 第四节　影响创业意愿与创业行为关系变量的测量 …… 082
- 第五节　调查问卷调研数据的分析方法 …… 088
- 第六节　预调研量表的信度和效度分析 …… 091

第五章　调查问卷收回数据的分析与讨论 …… 101
- 第一节　数据基本情况的统计分析 …… 101
- 第二节　收回数据对量表信度和效度的检验分析 …… 106
- 第三节　收回数据进行的假设检验分析 …… 111
- 第四节　假设检验结果 …… 132

第六章　创业意愿与创业行为转化机制的研究结论与展望 …… 135
- 第一节　研究结论 …… 135
- 第二节　研究启示 …… 143
- 第三节　研究局限性与未来研究展望 …… 147

参考文献 …… 149

附　录 …… 202

第一章

绪论

第一节 创业行为的影响因素分析

创业活动会创造巨大的经济价值,促进社会经济发展。被誉为"创新理论"鼻祖的熊彼特(Schumpeter,1934)认为,新企业的创立及新企业的创业者将成为现代经济发展的重要推动力量。管理大师德鲁克(Drucker,1985)指出,21世纪推动经济发展的重要动力就是"创业型经济"。创业教育之父Timmons(1999)指出,全世界的人类正处在一场静悄悄的大变革中,它就是创造力和创业精神的胜利,它对21世纪的影响将等同或超过工业革命的影响。《全球创业观察报告(2016~2017)》(简称"GEM 2016~2017")指出,在全球65个经济体中,超过2/3的适龄工作成年人认为社会中创业者是受到尊敬的,且地位较高,尽管媒体的评价较为平稳,但对创业的态度普遍是积极的。创业活动的巨大经济价值体现在社会经济发展的方方面面。20世纪70年代,美国一大批创业者和创新者开始了创业旅程,他们的创业行为彻底改变了美国甚至整个世界的经济,对世界经济的发展产生了巨大的影响,创业浪潮创造了当时美国超过95%的财富(王永友,2004)。因此,各个国家都鼓励创业活动,很多国家颁布了扶持创业活动的优惠政策,推动创业活动的快速发展。

创业除了会促进社会的经济增长,也成为解决就业的"助推剂"。张秀娥(2012)指出,一个机会型创业者创业当年大约能够创造3个就业岗位，未来5年大约能够创造6个就业岗位。GEM 2016~2017指出，在未来5年中，要素驱动和效率驱动的经济体中预计提供6个及以上工作岗位的企业占19%以上，创新驱动的经济体中约24%的企业会提供6个及以上工作岗位；创新驱动的经济体中提供1~5个工作岗位的企业占33%，要素驱动和效率驱动的经济体中提供1~5个工作岗位的企业的比例分别为37%和35%。经济体实现发展、促进增长的关键之一就是创造就业和减少贫困。因此，开展持续的创业活动对提高就业率具有重要意义。

2015年《政府工作报告》提出"大众创业、万众创新"，全社会对创业体现出了极大的热情，"不就业，就创业"已成为一种趋势。党的十九大报告中分别提出，"激发和保护企业家精神，鼓励更多社会主体投身创新创业""促进高校毕业生等青年群体、农民工多渠道就业创业""支持和鼓励农民就业创业，拓宽增收渠道"。全民创业必将进入一个如火如荼的新时代。GEM 2016~2017指出，中国18~64岁的人口中，计划在3年内开始创业的和具有创业意愿的人数比例为21.3%，其中不包括任何处于企业家活动阶段的个人，该指标排在参与调查的65个经济体的第27位；虽然认识到良好的创业机会，但对创业失败的恐惧感会阻止他们开展创业的人数比例竟然达到49.1%，该指标排在参与调查的65个经济体的第6位。这些数据表明，在我国具有创业意愿的人当中，相当大一部分人没有开展创业行为。从有创业意愿的个人到真正成为开展创业行为的创业者，是一个复杂的过程，受到很多因素的影响，如何让有创业意愿的个人真正开展创业行动，就变得尤为重要。

从创业理论角度看，创业理论先后经历了特质论、创业过程、创业机会、创业认知等主题的研究，创业管理已经成为一门新兴学科，而现代创业管理理论的核心是创业机会识别和创业行为（Kirzner, 1973, 1997; McMullen & Shepherd, 2006; Shane, 2001）。创业是一系列有目的的社会活动（Granovetter, 1985）。而新企业创建过程的起点是创业意愿（Shook et al., 2003），创业意愿是指个人计划创建新企业并在未来完成这个计划的可能性。创业意愿被认为是一种心理过程，在创业过程中居于核心位置（Krueger et al., 2000）。Kickul和Krueger（2005）

认为具有创业意愿的个人要有创办新企业的可能性,同时又不拒绝这种可能性,而有创业意愿和能力是完成创业行为的必要条件,但并不是充分条件(Grégoire & Shepherd,2012;Shane & Venkataraman,2000),也就是说,具有创业意愿的个人并不一定会完成创业行为。GEM 2016~2017利用多样本研究表明,即使个体对创业意愿有较强的感知,也不能肯定这些意愿会转化为实际的创业行为。虽然经济发展水平或地理位置可以解释这一现象,但也受到其他因素的影响。例如资源和技术的获取、市场的开放程度或者有些人不愿意承担高额的成本。创业过程需要有创业意愿的个人进行锲而不舍的努力。

2008年GEM的研究发现,中国的创业类型已经由以生存型创业为主转变为以机会型创业为主。因此对于创业机会的研究也成为创业研究领域的重要课题。一个组织化发展过程就是"创业意愿—机会搜寻与发现—新企业创建决策—机会开发"(Shook et al.,2003)。创业者在有了创业意愿后,只有识别出可用的创业机会,才能开展真正的创业行为。创业者要想识别出可以开展创业行为的机会,必须拥有相关的信息、经验和知识,否则创业行为就不可能顺利完成,而想要拥有创业所需要的知识、经验和技能,就必须进行创业学习。同时,有创业意愿的人之所以具有创业失败的恐惧感,主要原因就是缺乏创业相关的知识、经验和技能,他们一旦掌握这些重要的资源,开展创业行为的可能性就极大地提高了。因此,对于创业学习的研究就变得越来越重要了。而在整个创业过程中,创业者个人的特征和所处的外部环境的不确定性又具有很重要的影响。基于上述理论背景,本书从创业意愿、创业学习和创业机会识别的角度来揭示影响创业行为的机制。

第二节 创业意愿与创业行为关系研究的重要意义

一 理论意义

近年来,创业研究较多围绕创业意愿展开,学者们对于提升创业意愿进行了深入的研究，取得了较为丰硕的成果，然而有创业意愿并不一定会导致开展创业行为，如何为有创业意愿的人提供理论上的指导，使其能够顺利开展创业行为，这对于创业研究者来讲是一个重要课题。本书围绕这一主题展开研究，具有以下几方面的重要意义。

（1）通过理论上的分析发现，具有创业意愿的人没有开展创业行为可能的原因是没有可开发的创业机会，对创业领域的知识不熟悉，没有信心完成创业，缺少创业者具有的特质，以及对环境不确定性的恐惧，等等。本书通过对创业学习、创业机会识别、创业者特质及环境不确定性的分析，为创业者遇到的问题提供理论上的依据，使其能够快速掌握问题的实质，并进行针对性分析和解决，缩短创业行为开展的时间。

（2）本书对创业行为的影响机制进行剖析、归纳和总结，发现创业学习和创业机会识别不仅会促进创业行为的发生，而且在创业意愿与创业行为之间存在中介效应，并且创业学习和创业机会识别在创业意愿与创业行为之间具有链式二重中介效应。这一发现丰富了"创业意愿—创业行为"的理论模型，拓宽了创业行为研究的视角，而且不同的创业学习方式对创业行为的影响不相同，不同的创业机会识别对创业行为也会产生不同的作用力，创业者可以根据自身和环境的特点选择不同的创业学习方式或进行不同类别创业机会的识别。符合自身特点的创业学习和创业机会识别会帮助创业者在创业中更容易取得成功。

（3）为了进一步完善"创业意愿—创业行为"的理论模型，本书将创业者特质和环境不确定性也加入模型，创业者特质一直是创业研究中对创业行为的发生具有重要影响的变量，而环境不确定性则被认为是创业者寻找创业机会的重要来源。二者共同作用于创业行为，创业者在创业中必须认清自身的状况和环境的不确定性，而后结合创业学习并进行创业机会识别，实现新企业的创建。将这些变量进行整合，继而进行整体研究，使得创业这一系列的社会活动更加丰富。

二　现实意义

创业活动一直是促进经济增长的最重要推动力，新创企业的蓬勃发展不仅会繁荣经济，提高地区的经济发展水平，也会促进科技发展，推动技术进步，还会提供就业岗位，为社会稳定提供保障。然而，创业者在创业过程中不可避免地会遇到各种各样的问题，它们会影响创业的效果，因此创业失败的创业者也较多。"大众创业、万众创新"是中国政府为了提高创业成功率制定的战略政策，政府也提供了相应的支持政策，外部环境形势一片大好，这极大地激发了大众的创业热情。然而，环境形势虽好，但并不能替代创业者解决自身的问题，因此从创业者角度出发，切实地帮助创业者解决他们遇到的问题就尤为重要。毕竟创业者是创业活动的主体，而不同的创业者面临的问题又是不同的，因此从创业者角度分析，帮助创业者解决问题，助推创业成功具有重要意义。

本书通过分析具有创业意愿的人没有开展创业行为的原因，有针对性地分析创业者存在的特定问题，厘清创业者在创业行为中应处理的核心问题，为创业者提供行动参考，引导创业者更加准确主动地朝着预期的方向与目标开展创业活动，提升整个地区的创业活力与创新性。创业者可能面临的最大问题是创业知识储备不足，致使自身掌握的信息含量不足，从而缺乏对市场环境信息的掌控，对创业成功缺乏应有的自信，在进行创业机会识别等决策时通常不能做出正确的判断。同时不同的创业者特质也会对创业者的创业行为产生不同的结果，对环境不确定性的感知也不同，本书将创业学习、创业机会识别、创业者特质和环境不确定性整合研究，寻找影响创业行为的作用机制，为提升创业者的创业成功率做出贡献。

第三节 创业意愿与创业行为关系研究的内容和方法

一 主要内容

（1）本书从创业过程的动态视角出发，构建了"创业意愿—创业学习、创业机会识别—创业行为"的理论模型。本书以具有创业意愿的人为研究对象，从创业者创业过程的角度展开研究，借鉴以往学者的研究成果，从理论上阐述了创业意愿、创业学习和创业机会识别对创业行为的影响机制，进一步拓宽了创业研究的视角，丰富了创业行为的研究，为创业者的自主创业提供了理论依据。

（2）本书提出了创业学习和创业机会识别的双中介效应及链式二重中介效应的作用机制。创业行为的开展是一个复杂的过程，创业学习和创业机会识别作为创业过程研究的重要变量，对创业决策的制定和创业行为的开展具有重要的促进作用，因此，本书拓展了"创业意愿—创业行为"的理论模型，引入创业学习和创业机会识别作为中介变量，并通过了实证检验，完善了创业行为研究的理论模型，深化了创业者对开展创业行为的理解，为创业者开展创业行为提供了理论指导。

（3）本书识别出创业者特质和环境不确定性这两个调节变量。创业者特质较好地解释了哪些人能够较顺利地开展创业行为，而哪些人则不会开展创业行为。创业研究者们研究的另一个热点问题就是创业环境。环境不确定性会为具有创业者特质的个人提供更多可识别的创业机会。将创业者特质和环境不确定性作为调节变量引入"创业意愿—创业学习、创业机会识别—创业行为"的理论框架模型，进一步拓宽了创业行为的研究，丰富了创业行为的理论，为创业行为的影响机制进行整合研究提供了借鉴，更重要的是为创业者创业行为的开展提供了更宽泛的理论参考和实践指导。

二　主要方法

本书采用规范分析与实证分析相结合、定性与定量分析相结合的方法。

规范分析方法是研究中广泛使用的方法，通过对历史文献的梳理，分析并总结出经济发展运行过程中的相关规律，这些规律的得出具有研究者的主观判断。本书采用规范分析方法，通过整理与归纳现有关于创业的文献，对国内外学者关于创业意愿、创业行为之间的相关关系的研究进行梳理，厘清各变量的概念及变量之间的关系，深入分析、查找理论研究的缺口，通过归纳总结发现，在关于创业意愿和创业行为的研究中更应该引入创业学习、创业机会识别、创业者特质和环境不确定性等变量，在此基础上提出理论模型和研究假设，以此来完善创业意愿对创业行为的影响机制。

实证分析方法是运用一系列分析工具和数学模型对客观现象的一种描述，即描述事物客观存在的状态。本书运用问卷调查法进行数据收集，包括问卷的设计、问卷的发放、数据的采集，然后运用 SPSS 19.0 对量表的信度和效度进行检验，在量表的可靠性和有效性得到保障的基础上，进行回归分析来检验本书提出的研究假设。

三 技术路线

本书的技术路线如图 1-1 所示。

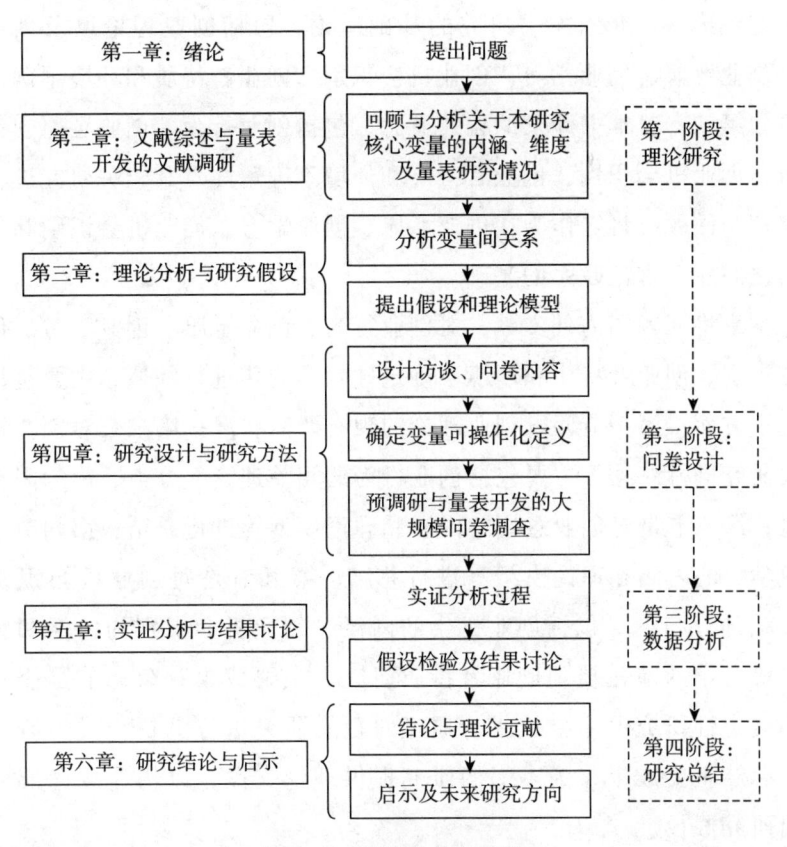

图 1-1 本书的技术路线

第二章
创业意愿与创业行为相关理论概述

本章的核心工作是对基础理论与相关研究进行综述，主要涉及两方面内容。第一，介绍本书研究的基础理论，包括创业理论以及创业行为、创业意愿、创业学习、创业机会识别、创业者特质和环境不确定性理论。第二，对本书涉及的相关概念，包括创业行为、创业意愿、创业学习、创业机会识别、创业者特质和环境不确定性及其相关研究进行综合整理与回顾，将之作为在创业意愿、创业学习、创业机会识别和创业行为之间建立理论联系的基础。

本章将回顾国内外文献，对创业行为、创业意愿、创业学习、创业机会识别、创业者特质和环境不确定性六个变量进行综述，主要包括以下七个方面：第一节回顾创业理论的现有研究状况；第二节对创业行为相关研究进行总结，主要包括创业行为的相关理论、分类、影响因素和测量；第三节是对创业意愿的内涵和理论模型等进行总结；第四节是对创业学习的内涵和理论模型等进行总结；第五节是对创业机会识别相关文献进行归纳，包括创业机会的内涵、创业机会识别的内涵和影响因素等；第六节是梳理创业者特质研究的主要成果；第七节是梳理环境不确定性研究的主要成果。通过对现有研究进行分析，找出研究缺口，总结主要成果，为本书的研究提供理论支撑，以构建概念模型和提出研究假设。

第一节 创业理论概述

创业活动对经济增长的巨大推动作用使得国内外学者越来越重视创业研究，各国政府也越来越重视创业。目前，创业理论从以下几方面展开。

一 创业的核心内涵

Murphy（1775）首次提出创业的概念，他认为创业是创业者在经济活动中承担的风险性行为。奥地利学派的主要代表约瑟夫·熊彼特（1934）认为，创业是引入一种新产品；采用一种新方法；开辟一个新市场；获得一种新原料；采用一种新组织形式。

Kirzner（1973）指出，创业就是在外部市场环境中寻找机会，这种机会的发现是创业者自身能力的体现。Gartner（1985）通过多维度分析创业，构建了包含创业者、创业组织、外部环境和创业过程的创业模型。他认为，创业就是这四个要素的共同作用，而且创业者也从单个创业者拓展到创业团队。Shane和Venkataraman（2000）指出，创业就是寻找或开发创业机会。Timmons（1999）也指出，创业机会、创业团队与各种资源是创业的关键要素。整个创业的过程就是发现创业机会，并利用各种资源开发创业机会，同时，整个创业的过程都受到外部环境的影响。Bygrave和Timmons（1992）同样将创业定义为对机会的寻求与把握，而且强调创业者不用担心在创业初期所拥有的资源过少。Hart（1995）也指出，创业者无须担忧掌控资源的数量，只是要不断地积累创业经验，这对创业的成功有很大帮助。

通过对创业研究者们所提的创业概念的梳理，我们发现学者们从不同角度研究了创业，主要是因为创业涉及的学科领域较多，如管理学、心理学、经济学、社会学等。本书对学者们提出的概念进行了分析、归纳和总结，发现大多数学者对创业的研究包含创业机会、创业能力、创业资源、创业环境等变量。创业正是在外部环境的驱动下，创业者凭借其能力,把握创业机会、整合创业资源从而创建新企业的活动。

二 创业研究的发展历程

(一) 创业者特质研究

"创业原动力及为什么有些人能够创业成功"是创业研究人员关注的重点问题。Shane 和 Venkataraman (2000) 也指出,较多学者对创业理论的研究是从个体角度来深入开展的。Brockhaus (1980) 就从创业者特质角度来研究创业理论,他认为创业者特质成为解释有些人能够创业成功,而有些人不能创业成功的最重要原因。成就需要就被看作最重要的一个创业者特质,能够区分创业者与非创业者 (McClelland, 1961)。创业者具有成就需要就会表现得更希望成功,更享受成功,会为了自己设定的目标而努力奋斗,直至最终达到目标,然后去追逐下一个目标。非创业者对于创业成功没有那么强烈的愿望,因而也不会为之努力。除了成就需要,内控制源也被看作能够区分创业者与非创业者的创业者特质,具有内控制源的创业者能够控制自己的行为,同时能够掌控自己的工作及工作的结果 (Rotter, 1966),这样的创业者就更容易创业成功。Casson (1982) 指出,成功的创业者之所以会成功,是因为他们具备了其他人所没有的特质,具体包括"创新性、风险承担力、合作精神和新创企业管理技能等"。

(二) 创业过程研究

Stevenson 和 Jarillo-Mossi (1990) 指出,分析"如何创业"是创业管理的重要研究内容。他们认为创业研究应该转向微观层面研究创业行为,即创业的过程是如何发生的以及创业是如何进行管理的。德鲁克 (1985) 也指出,创业管理包含创业行为的管理和创业过程的管理。Gartner (1985) 提出,创业的过程是新组织创建的过程。Holt (1992) 按照生命周期理论,将创业的过程划分为创业前、创业中、早期成长和晚期成长四个阶段。将创业过程的研究转向微观层面的研究,这一阶段的研究看到了创业过程存在的动态性和复杂性。

(三) 创业机会研究

从某种角度讲，创业机会的研究从属于创业过程，因为创业就是寻求和把握有利可图的机会（Shane & Venkataraman, 2000）。Singh (2000) 将创业机会从创业点子中区分开来，阐述了感知和识别创业机会的过程。Timmons (1999) 则认为创业的过程就是创业者将创业机会与创业资源进行整合、协调的过程，某种程度上也是与外部环境相妥协的过程，这个过程离不开创业者的管理行为。创业机会不论是现在还是未来都会成为创业研究的核心问题（Eckhardt & Shane, 2003）。

(四) 创业认知研究

创业者是怎样进行创业决策的以及在决策过程中创业认知起到什么样的作用，这是创业认知研究的重要内容。认知理论认为，认知过程就是创业者对于创业活动中所有的信息进行加工的过程，对信息的加工和处理会识别出创业机会，而创业机会的识别需要创业者在创业之前积累大量的知识和经验，这些知识和经验就形成了创业者的认知基础。

第二节 创业行为概述

一 创业行为的内涵

创业行为本身是一个复杂的概念，包含广义的创业行为和狭义的创业行为。广义的创业行为主要指公司创业，也称为公司内部创业，Bird (1989) 将创业行为定义为一种组织行为。狭义的创业行为是指创业者个人创办新企业，是建立新组织的个体行为（Gartner & Starr, 1993）。张玉利（2003）所提出的广义的创业行为包含感知机会、整合资源、新企业生存，直至最后的新企业成长；而狭义的创业行为包含感知机会、整合资源、新企业生存（见图2-1）。Wagner 和 Sternberg (2005) 将广义的创业行为定义为"寻找并把握经济系统中的机会",其中创业者既包含个人又包含企业的所有者,创业行为的结果既包含成立新企业又包含原有企业的转型升级;而狭义的创业行为就是指个体的创业行为,即创立并运营一家新企业。本书研究的是有创业意愿的人为创办新企业而进行的一系列行动,因此研究对象为狭义的创业行为。

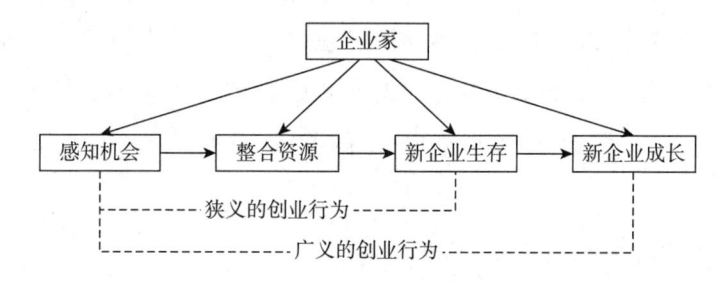

图 2-1 创业行为的定义

资料来源:张玉利(2003)。

很多学者对狭义的创业行为进行了定义。Shane 和 Venkataraman(2000)提出创业行为是个人寻找、发现和评价创业机会的一系列全面整合的活动。Penrose(1959)指出创业行为(Entrepreneurial Behavior)是在创业过程中做出的特定行为,包括技术变革、组织变革、市场定位、产品开发及财务变化等,这个过程要引入新的思想或技术。此外,Sequeira 等(2007)提出创业初始行为(Nascent Behavior)的模型(见图 2-2)。Bird(1989)认为创业行为就是新创企业进行机会开发的过程,是新企业的活动,不是已经存在的企业进行的变革活动,创业的主体是创业者或创业团队。

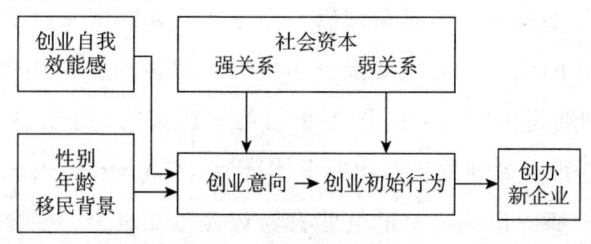

图 2-2 创业初始行为的模型

资料来源:Sequeira 等(2007)。

本书研究的是在创业过程中，创业者为什么以及如何有效地开展创业行为。创业者进行初始创业的过程包含资源的获取、创业机会的识别、组织结构的建立、市场的开发等，直至新企业创建成功。在这个过程中，创业机会识别是核心，创业者要将有价值的机会转化为新企业的价值创造。对机会的识别和开发就是创业行为的本质（Timmons，1999），其强调创业机会在创业行为中的作用。而想要识别出有价值的创业机会，创业者就必须掌握相关的资源、信息和技能，这个过程就是创业学习的过程。不同的创业者会产生不同的创业行为，不同的环境又会对创业行为的效果产生不同的影响。创业行为就是创业者为实现创业，持续地进行创业学习，利用掌握的资源和技能，识别并开发有价值的创业机会，最终完成新企业的建立，创业的过程还要关注创业者特质和环境不确定性的影响。创业行为具有的特征如下。

（一）创业行为是创业者个体层面的行为

从微观层面看，创业行为的主体就是创业者个体（或团体），是围绕创业者个体的创业思维展开的，新生创业行为是创业者个体的行为，不是已有企业的行为（Lumpkin & Dess，1996）。创业过程中创业者的创业行为（如何做）比创业者本身（他是谁）更重要，Katz 和 Gartner（1988）提出创业研究应该关注行为，创业者的个体特征在一定程度上带来了个体行为的差异。Allinson 等（2000）通过实证研究检验了直觉与创业行为的关系，Petrakis（2005）将个人特征与创业行为联系起来进行研究，发现创业者的风险感知和风险倾向会影响其创业行为的方方面面。

（二）创业行为是一系列过程

创业行为是一项非常艰巨的活动，它涉及产品开发的一系列过程。创业行为这个过程包含资源的获得、信息的取得、创业知识的学习等，这个过程是复杂而烦琐的，不是每个有创业意愿的人都会完成创业行为的，只有那些具有冒险特质、高成就需要并愿意承担风险的创业者才能够坚持并最终走向成功。

(三) 创业行为是一个多层次的现象

Brush 等 (2008)、Katz 和 Gartner (1988)、Reynolds 和 Miller (1992) 都指出, 创业行为和创业行为的结果是难以区分的, 最好的例子就是"取得销售收入", 既可以看作创业行为, 又可以看作创业行为的结果 (企业绩效)。如何清晰地界定创业行为和创业行为的结果是一件很难的事情 (Reynolds & Miller, 1992)。创业行为是创业者创建企业的过程, 如撰写企业计划书、寻找投资、组织创业团队等。初期创业行为以资源流出为标志, 是一种消耗价值的活动, 并且价值的消耗会带来更大的价值; 而创业行为的结果就是企业建立成功后价值的创造, 尤其是指资源流入企业。可见创业行为和创业行为的结果是在时间上有先后顺序的, 只有创业行为完成后, 商业模式建成, 才会出现资源流入企业, 价值创造成为创业行为的结果。

二 创业行为的相关理论

(一) 计划行为理论

Ajzen (1987) 通过对意愿的研究, 将理性行为模式理论加以拓展, 引入感知行为控制这一要素, 提出了计划行为理论 (TPB), 其模型如图 2-3 所示。他认为, 理性的行为更多需要个人的意志控制, 因此, 期望计划行为理论能够预测和解释个人的行为。计划行为理论认为行为意愿

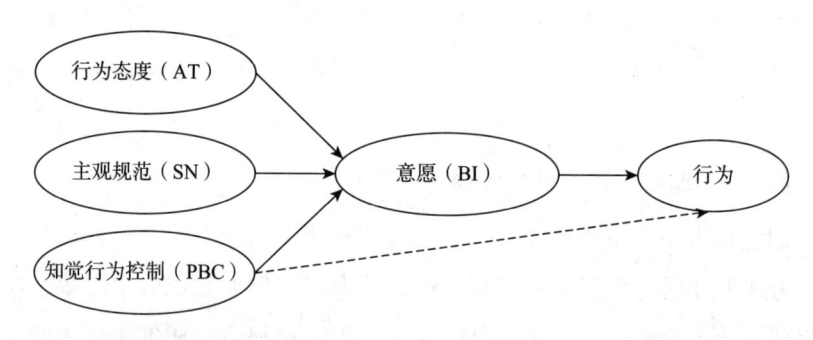

图 2-3 计划行为理论模型

资料来源: Ajzen (1987)。

会促进行为的发生，行为意愿越强烈行为就越可能发生，行为意愿是对行为目标的渴望程度，程度越高对行为的激励越大，创业者付出的努力也越多。因此意愿和行为关系的研究就拓展到提高行为意愿的视角上来。计划行为理论被广泛地应用到创业领域，Kolvereid（1996）就验证了 Ajzen（1987）的计划行为理论模型，他指出，态度、社会规范和创业者的能力会积极影响创业意愿。

（二）社会认知理论

Bandura（2001）提出了社会认知理论，该理论也成为创业研究的重要依据。社会认知理论框架如图 2-4 所示。

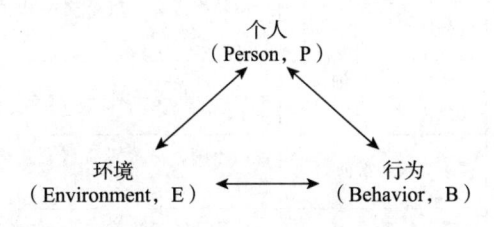

```
              个人
           (Person, P)
            ↗      ↘
           ↙        ↘
      环境   ←——→   行为
  (Environment, E)   (Behavior, B)
```

图 2-4　社会认知理论框架

资料来源：Bandura（2001）。

社会认知理论包含三个要素，即个人、环境和行为，三个要素之间互相影响。环境要素包含整个社会环境，如政治、经济、文化等环境。个人要素包含个体认知、动机、态度和能力等。在行为发生过程中，环境和个人对行为的影响力最大，共同作用于行为。而环境又会影响行为人个体，不同的个体对环境也会有或多或少的影响。因此这个三角互动（Triadic Reciprocality）模式成为社会认知理论的核心部分，强调"环境-个人-行为"的互动影响，运用到创业领域就是具有创业意愿的个人在创业环境的作用下，来影响创业行为。

三　创业行为的分类

创业行为的项目类别较多，而各个单项创业行为之间又可能相互联系、相互依存，为了避免在研究中出现多重共线性和关联性问题，有必要对创业行为进行分类，这有利于对创业行为进行深入的研究，但由于创业行为的复杂性,学者们对创业行为的分类并没有达成共识。具体如表 2-1 所示。

表 2-1 创业行为的分类

学者	行为类别	具体行为
Vesper（1990）	—	个人契约、掌握技术诀窍、产生创意、获得顾客订单、获取物质资源
Gatewood 等（1995）	—	评估潜在利润、收集市场信息、完成基础工作、开始日常运营、建立企业结构
Shane 和 Delmar（2002）	计划行为	制定财务项目预算、撰写企业计划书、收集竞争者信息、搜索顾客等
	运营行为	资源转换行为、市场交易相关的行为、建立合法性等
Gartner 等（1999）	发现机会,仔细审视机会	规划、分析竞争对手、制定企业目标等
	获取资源和帮助	咨询律师、寻找投资者、获得技术人员、获取贷款等
	运营	处理日常经营事务、与分销商打交道等
	确定客户、销售渠道	定位目标客户群、管理营销渠道等
	"生意之外"的事宜	处理家庭关系、伴侣和朋友关系等
Diochon 等（2005）	承诺（Commitment）	是否全时间投入、准备商业计划、资金投入、为创业存钱、购买原材料、开发产品或服务等
	联系（Connection）	开展营销工作、组建团队、与顾客建立联系、寻求外部融资等
	控制（Control）	获取外部融资、申请知识产权、购置或租赁大型资产、雇用员工等
Reynolds（2007）	业务准备	创业时间投入每周在 35 小时以上、建立银行账户、公布联系方式、雇用员工、安装专用电话线等
	生产实施	购买原材料、购买或租赁厂房与大型设备、获得收入、开始促销产品或服务、每月开始有正的现金流、与供应商建立信任等
	组织与财务结构	准备计划、组建团队、向外部融资、开发财务项目等
	个人计划	定义市场机会、资金投入、投入时间规划未来新企业等
	个人准备	存钱、参加培训、安排子女或其他家务问题等
	产品与任务的发展	申请商标专利版权、开发产品或服务的原型等

续表

学者	行为类别	具体行为
Tornikoski 和 Newbert（2007）	貌似合法化行为或即兴而作的行为	新生企业开展的一系列行为有可能给外部造成一种假象，即企业已经处于正式运营状态
	资源整合行为	通过输入资源产生输出的产品或服务，满足外部利益相关者的愿望或要求
	网络构建行为	新生企业构建个人网络及企业网络从而提升合法性，得到外部利益相关者认同性感知及可能性支持
Liao 等（2008）	计划准备	新企业生成的早期阶段为协调各种活动而开展的准备性工作
	资源整合	新企业获取、整合所需的人力、物力、财力和技术资源等
	市场营销	通过新企业与市场的互动或交换而产生的各种行为
	合法化	新企业建立并提升合法性的过程，合法性意味着新企业能够定义组织实体边界
Brush 等（2008）	组织资源获取	组建团队、准备计划、创业时间投入每周在35小时以上、雇用员工、开展营销、建立财务制度等
	物质资源获取	购买原材料、购买或租赁厂房与大型设备、安装专用电话线等
	财务资源获取	存钱、资金投入、获取供应商的信任、获取外部融资、建立银行账户等

资料来源：笔者根据相关文献整理而成。

四 创业行为的影响因素

目前研究文献中，创业行为的影响因素主要包括创业者个体特征、创业意愿、创业机会识别、创业学习、创业环境等。

（一）创业者个体特征

Brockhaus（1980）认为成功的创业者与其他个体之间的差异就是创业者个体特征的差异，这些个体特征对创业的成功起到决定性作用。Alsos 和 Ljunggren（1998）从性别差异的角度进行研究，发现性别的差异会影响创业行为，男性和女性在创业过程中的表现是不同的。创业者特质的研究起始于20世纪，当时学者们就开始对创业者特质进行深入的调查和研究。

Robertson 等（1991）提出创业者特质主要是指心理特质的总和，是指创业者比较独特的行为方式和处事方式，这种心理特质是比较稳定而持久的。学者们对创业者特质研究的重点一直都是创业者所具有的对于创业成功起到重要作用的特质，这些特质能够帮助创业者识别创业机会并进行财富创造，这些特质是非创业者所不具备的。Miller（1986）告诉我们要想创业成功就要对创业者和非创业者进行比较，了解自身的不足与优势，为创业成功做好基础准备。

（二）创业意愿

心理学领域很早就开始进行行为意愿的研究，其后学者们将行为意愿纳入创业领域进行研究，为创业领域的研究提供了新的切入点。意愿是对未来行为的心理预期和早期体现，会影响个体未来的行为，促使个体为实现心中的目标而努力。Bandura（2001）认为意愿不仅仅是预期，更重要的是对未来行为的承诺。对未来某种行为具有特定的信念，必然促使个体为实现目标而付诸具体的行为。意愿对个体的驱使作用是一种自发的状态（Katz，1988），而且后天环境的变化和知识的积累对意愿会有影响。Bird（1988）的意愿模型就指出，意愿的形成过程受到个人因素和所处环境的共同影响，并且个人因素与环境因素共同影响行为。

（三）创业机会识别

Bygrave 和 Minniti（2000）认为创业者就是能够识别创业机会，并最终组建企业来开发创业机会的人。Shane 和 Venkataraman（2000）也认为，创业的过程就是搜寻机会、评价机会并开发机会的过程，可见，创业机会在创业过程中具有举足轻重的作用。众多学者在研究创业的过程时对创业机会识别进行了深入的分析。Shook 等（2003）构建了组织化发展过程模型，即从创业意愿开始进行机会的搜寻与发现，之后决定建立新企业，最后开发创业机会。在整个创业活动过程中，机会的识别与发现的重点是，只有找到有用的创业机会才能进行新企业的创办，完成创业行为。

潜在的创业者①利用掌握的知识、技能和经验，从复杂的信息中识别出创业机会，然后进行创业机会的开发，将创业机会转化为企业财富创造的源泉。那些没有发现和识别出创业机会的个人，进行新企业创建的可能性会很小。此外，Elfving（2008）构建了创业模型，认为创业意愿要通过机会评价来完成新企业的创建。这说明机会评价（识别）会促进新企业的建设。而且在整个创业过程中都要持续不断地寻找和开发创业机会，这样企业才能真正成长起来。Patel 和 Fiet（2009）从认知理论角度出发，发现对创业机会的识别过程会影响创业机会开发的过程，进而影响创业行为。因此，创业者系统性地和有规划性地去搜寻创业机会，会使其更容易发现创业机会，从而更积极地开展创业行为。

（四）创业学习

近年来的研究显示，初创企业"死亡率"比较高的主要原因是初始创业者缺乏经验和相关的技能（Hansford et al.，2002；Van Gelder et al.，2007）。而创业学习被认为是影响新企业创办前几年能否成功的因素之一（Gartner et al.，1999）。有效的学习被公认为对创业成功具有显著影响的因素，大量文献支持这个观点（Minniti & Bygrave，2001；Rae & Carswell，2001；Sullivan，2000；Young，2007）。这是因为对于发展创业能力来讲学习能力是必不可少的（Rae & Carswell，2000），并且创业能力与机会的识别和开发（Corbett，2005，2007）、新企业的创新活动（Ravasi & Turati，2005）、创业的启动与发展过程（Deakins et al.，2000）之间关系紧密。因此，从创业学习的视角研究创业行为被认为是进一步理解创业本质的关键（Cope，2005；Minniti & Bygrave，2001）。

（五）创业环境

影响创业行为的最重要的外部力量之一就是创业环境。创业环境是

---

① 在本书中"潜在的创业者"可简称"创业者"。

企业在经营过程中面临的外部影响因素，一般包含政治环境、经济环境和文化环境。环境对企业的经营和发展具有重要的影响，创业者在创业过程中也是处于这样的环境中，也受到各种环境因素的影响。Low 和 Abrahamson（1997）研究后发现市场环境中机遇与威胁是并存的，这正是创业行为的巨大驱动力。Jeroen（2012）考察了计划行为理论模型，发现积极的主观规范和感知行为控制能力会促进创业行为的开展。

环境的研究一直是创业领域研究中比较关注的课题。创业环境是一个由多因素构成的综合体系，是开展创业活动的重要基础，是影响创业者个体开展创业活动的全部外部因素（Gartner，1995）。环境之所以对创业有影响，关键是因为环境具有不确定性，处于不确定的环境中的创业也必然是不确定的，因而要想更好地理解创业，就必须对环境的不确定性进行深入研究和探讨，这样才能在创业过程中掌握更多的信息和资源，才能取得创业的成功。

五 创业行为的测量

一般根据企业组织的特定活动来测量创业行为（Delmar & Shane，2003）。通过定义值为1的虚拟变量对创业行为进行单维度测量（Eckhardt & Shane，2003），如果创业者创立的企业出现"因为提供产品和服务而开具发票""签署了一些文件，并对公司进行了官方的登记""公司销售产品或者提供服务"等情况，那么值为1，否则为0。

Liao 等（2009）以创业行为时间的三个维度，即行为速度、行为集中度、行为发生的时机来衡量创业行为。

李雯（2013）以创业事件是否发生来衡量创业行为，将变量划分为二分变量，1表示创业行为发生，即个体或团队参与到新企业的创建中；0表示创业行为没有发生，就是个体或团队没有参与到新企业的创建中。

闫丽平（2013）也使用行为速度和行为集中度来测量创业行为。行为速度是测量创业过程的平均速度，行为集中度则是测量行为的速度在不同时刻的变化。

McKelvie 和 Chandler（2011）使用"很愿意立即开始行动，由此来收集与引进新产品的资源"来测量创业行为，与 Eisenhardt 和 Schoonhoven（1990）的建议是一致的。而 Choi 等（2008）则使用"机会开发"来测量创业行为。

Lichtenstein 等（2007）运用实证检验的方法验证了创业行为的时间动态特征与新企业创业绩效的关系。他们使用创业行为比率、行为集中度和行为发生时机三个维度来衡量创业行为。McMullen 和 Shepherd（2006）对创业行为进行研究后，认为创业行为过程包含创业计划、创业决策、创业合作和创业激励行为。企业创建过程的中心问题是初始创业者，尽管定义较少，但初始创业者总是被看作一个人如果最初开始一系列的行为，并且最终意图是创建企业，那就是创业行为（Reynolds et al., 1994; Aldrich & Martinez, 2001）。初始创业者是那些还没有变成新企业的所有者，但是已经做了一些成立一个新企业的必要准备的个体或团队（Carter et al., 2003）。初始创业者的目的是在最近的将来通过创办一个企业而成为一个创业者。

创业过程的研究中最重要的部分就是对创业行为的研究。因为，无论创业者的创业意愿有多强烈，能够产生回报的创业机会有多好，如果不开展创业行为，一切就变得没有意义。而很多创业者有创业意愿，也能够识别创业机会，但是由于受到其他因素的影响没有开展创业行为。创业者在创业时必然面临复杂的环境，创业者为何或如何更有效率地开展创业行为，最终获得竞争优势，这是一个重要的课题，因此对创业行为的深入探讨就变得尤为重要了，这能够帮助创业者解决创业中遇到的问题，为提升创业行为提供可行的措施。

第三节　创业意愿概述

一　创业意愿的内涵

在中国，学者们对创业意愿（Entrepreneurial Intention）的翻译有所不同，如创业意向、创业倾向等，它们均是指个体或团队想要创建新企业或为现有企业的发展而拓展业务的心理状态，本书使用"创业意愿"。创业者的创业意愿就是创建新企业，并管理新企业，实现自我雇佣的意愿。Krueger 等（2000）把创业意愿定义为创办高增长业务的意愿，其他学者也对创业意愿进行了定义，如表 2-2 所示。

表 2-2 创业意愿的概念

学者	创业意愿的概念
Bird（1988）	最早提出创业意愿对个体的创业行为具有很强的预测作用，是引导创业者追求某一特定目标而投入大量时间、精力和行动的一种心理状态。个体和社会因素都必须通过形成意愿来影响创业行为
Bagozzi 等（1989）	创业意愿是发生创业行为的先决条件，是个体因素与社会因素影响创业行为的中介变量，是个体对于是否从事创业活动的一种主观态度。创业意愿的高低决定了实施创业行为的可能性，创业意愿高的个体更容易从事创业活动
Krueger 和 Brazeal（1994）	无论是地区寻求发展还是组织力图创新，它们在进行创业活动之前要先具有创业意愿，也就是说只有先具有意愿才有可能采取行动，从这个角度来讲，研究个体创业意愿也更具有理论和实践意义
Krueger 等（2000）	潜在创业者对从事创业活动的一种主观态度，是人们具有类似创业者特质的程度以及人们对于创业的态度和能力的一般描述，是最好的创业行为预测指标
Thompson（2009）	将具有创业意愿的个体与那些仅仅拥有创业特质的个体区分开来。同时符合以下条件：存在创办新企业的可能性并且不排斥这种可能性。创业意愿是个体计划创办新企业的信念，并且在将来某个时候会自觉执行这些计划

资料来源：笔者根据相关文献整理而成。

从表 2-2 可以看出，学者们对创业意愿的定义在本质上是趋同的，即创业意愿就是创业者想要创办新企业的信念，而且创业意愿会促使创业者为了完成意愿而通过创业行为来达到创办新企业的目的，并且创业意愿的驱使作用是自发的、自觉的行为。

二 创业意愿的相关理论研究

创业意愿是促使创业者开展创业行为的驱动力，是促使创业行为实施的先决条件（Kolvereid，1996）。意愿决定了行为人在行动过程中的态度,具有创业意愿的个体在创业行为的开展中是主动的、积极的,取得创业的成功也变得更可能。因而,在创业领域的研究中,创业意愿越来越受到学者们的关注,很多学者构建了创业意愿的理论模型,其中创业事件理论、计划行为理论和自我效能理论等备受关注,成为后续学者的理论研究基础。

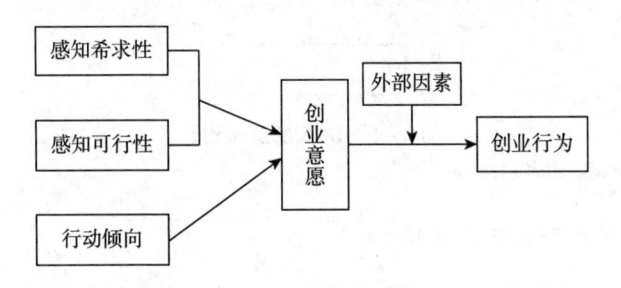

(一) 创业事件理论模型

创业事件理论模型如图2-5所示,是由 Shapero 和 Sokol (1982) 提出来的,是创业意愿最具代表性的模型之一。创业事件理论认为企业的创办是由创业意愿驱动的,而创业意愿又受到感知希求性、感知可行性和行动倾向的影响。感知希求性是指创业者未来的创业对其吸引力的程度,感知希求性越大,对创业者的吸引力越强。感知可行性是指创业者对未来创业执行情况的可能性的判断,感知可行性越大,创业的开展就越可能。同时创业意愿对创业行为的作用又会受到外部因素的影响,如雇员失业,雇员新的择业选择中就可能有创业;又或者个体偶然得到一大笔财富,将这一大笔财富进行投资,其中创办新企业也是很好的投资选择。这些外部因素对创业行为能产生一定的影响,但不会决定创业行为。这个模型阐述了创业意愿的影响因素和创业意愿的作用结果,而创业意愿对创业行为的促进作用也受到其他外部因素的影响。

图2-5 创业事件理论模型

资料来源:Shapero 和 Sokol (1982)。

(二) Bird 的意愿模型

Bird (1988) 创建的意愿模型如图2-6所示,Bird 认为意愿影响行为，而意愿又受到行为人的理性分析思维和直观整体思维的影响，同时理性分析思维和直观整体思维又受政治、经济环境等外部环境和个人历史、个性和能力的共同影响。个人所处的外部环境与个人自身因素是相互作用的，它们共同作用于意愿，进而作用于行为。该模型还指出，理性分析思维是目标导向的，帮助行为人来完成目标设定计划、分析进程等；而直观整体思维则是愿景导向的，是行为人对未来行为的预期，更多的是对未来认知的思考。以此在所有因素的共同作用下，创业意愿必然指引创业者为开办新企业而努力，直至企业创办成功。Boyd 和 Vozikis（1994）修正了 Bird 的意愿模型，将自我效能感加入模型，指出创业自我效能感会对创业者的短期创业行为产生重要作用。Zhao 等（2005）也认为创业自我效能感会对创业意愿产生重要调节作用。

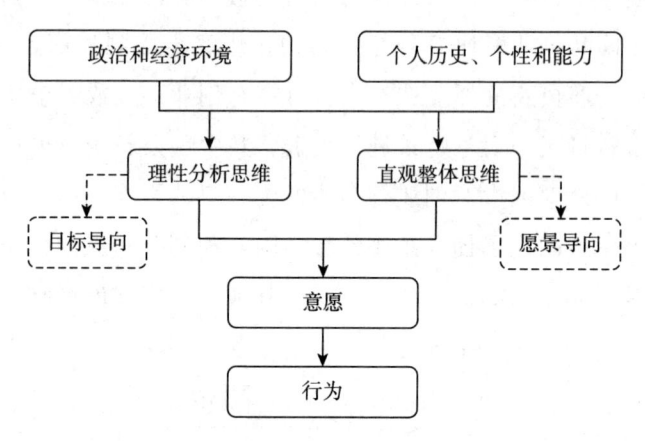

图 2-6 Bird 的意愿模型

资料来源：Bird（1988）。

（三）计划行为理论模型

计划行为理论模型是心理学领域的理论模型，讲述了意愿和行为的紧密联系，为了促进行为的发展，首先要提高影响行为的意愿发生的比率。计划行为理论被应用到很多领域的研究中，创业领域研究中为了提高创业行为发生的比率，就要从根源上促进创业意愿的发生，因而研究的重点转向创业意愿的前置变量。从计划行为理论模型（见图 2-3）

的整体来看，行为态度、主观规范和感知行为控制均会影响行为的开展，这三方面表现得越积极，对意愿的作用就越大，因而行为的开展比例也大大提高。应用到创业方面，行为态度、主观规范和感知行为控制都会影响创业者的创业意愿，这几方面对意愿的作用越强烈，创业意愿就越强烈，开展创业行为的可能性就越大。

（四）创业意愿的修正模型

Ajzen（1987）的计划行为理论的提出为 Krueger 和 Brazeal 的创业研究提供了新的视角，他们在 1994 年创建了新的模型（见图 2-7），主要研究意愿的前置因素，其中最重要的三个因素是感知希求性和感知可行性，以及作为调节变量的行动倾向。该模型中还加入了信度和潜力，这些因素都对意愿起着重要作用。

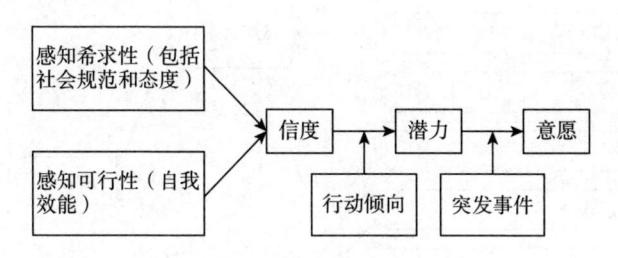

图 2-7 创业意愿的简单模型

资料来源：Krueger 和 Brazeal（1994）。

Krueger 等（2000）对 1994 年提出的模型进行修正，如图 2-8 所示。该模型指出感知希求性由两部分构成，分别是个人希求性和察觉到的社会规范，感知可行性则由察觉到的自我效能和察觉到的集体功效组成，Krueger 等（2000）将研究的重点转为外部因素的影响，认为外部因素对提高感知希求性和感知可行性有重要作用。此外，突发因素对创业意愿具有调节作用。

Grundstén（2004）对 Krueger 等（2000）的模型进行了进一步修正，如图 2-9 所示。该模型对环境因素进行了拓展，将所有的影响因素都列在模型中，同时在模型的末端又加入了创业行为，整合了创业环境、创业意愿和创业行为。

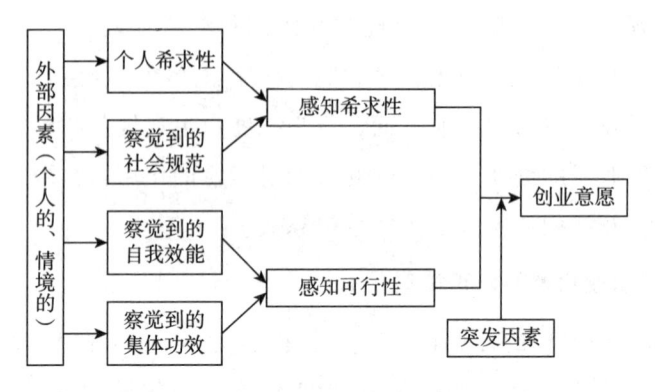

图 2-8 修正的创业意愿模型

资料来源：Krueger 等 (2000)。

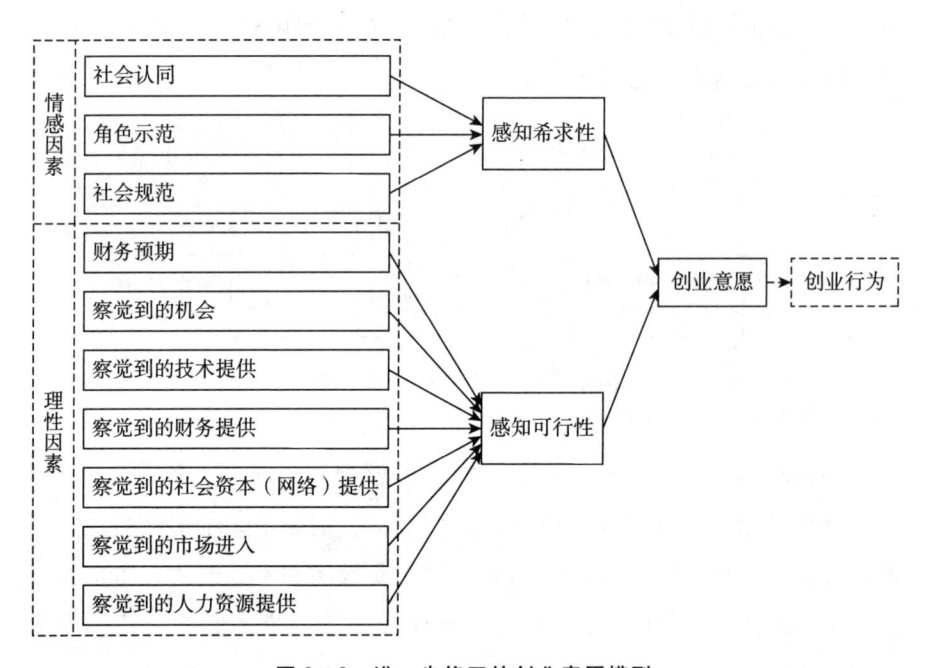

图 2-9 进一步修正的创业意愿模型

资料来源：Grundstén (2004)。

（五）自我效能理论模型

自我效能理论模型如图 2-10 所示。自我效能理论最早由 Bandura (1977) 提出，之后很多学者将自我效能理论应用到创业意愿的研究中。自我效能感是指个体对自身能力的感知，是在特定的情境下，个体对某种未来任务执行情况的综合评估，也就是个体是否可以完成工作的自我认知，这种对自身能力的判断会影响个体在未来的行动状态，是自信的还是信心不足的，在行动中就会表现为积极的或消极的，最终会影响行为的开展。这种情况下，学者们将个体的自身因素与外部的环境相结合，探求影响创业行为发生的共同影响因素。Drnovsek 和 Erikson（2005）构建了创业意愿模型，将自我效能感引入模型，认为创业意愿受到外部环境的影响，外部环境分为理性思维和直觉思维，创业自我效能感属于直觉思维，是认知范畴的。创业自我效能感越强的创业者，在创业中越能够感知未来行为开展的状况，对未来的行为也越自信，因而创业意愿也越强。Boyd 和 Vozikis（1994）指出，创业自我效能感会对创业者的短期创业行为产生重要作用。Zhao 等（2005）也认为创业自我效能感会对创业意愿产生重要调节作用。Krueger 和 Dickson（1994）研究后提出自我效能感对创业行为的作用比个人具有的知识、技能更重要，是反映个体差异最重要的变量。

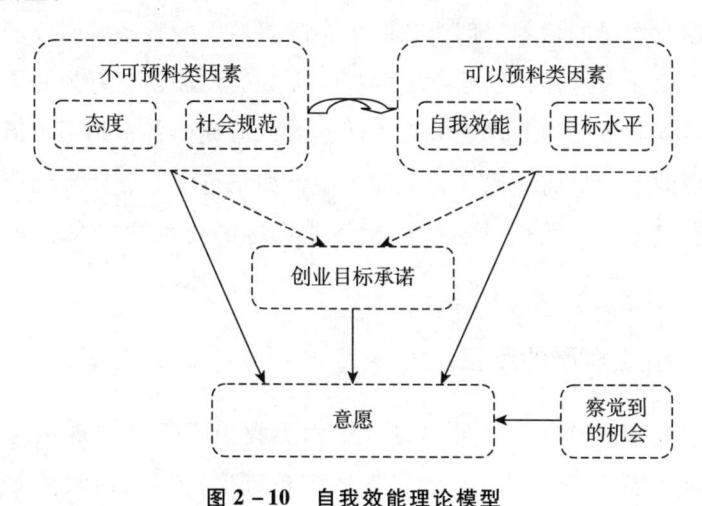

图 2-10　自我效能理论模型

资料来源：Drnovsek 和 Erikson（2005）。

（六）创业意愿的因素结构模型

范巍和王重鸣（2006）编制了个体创业意愿调查问卷以探索创业意愿的维度结构，具体如图 2-11 所示。实证结果显示，创业希求性有三个自变量，分别是创新导向、成就导向和自我尊重；创业可行性有两个自变量，分别是个人控制和责任意识。

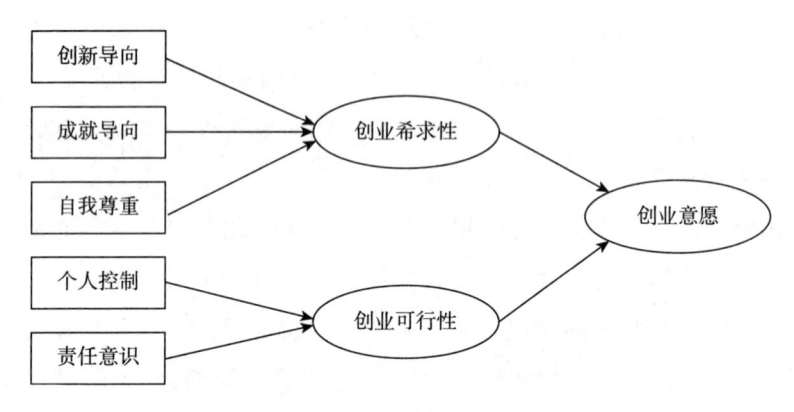

图 2-11　创业意愿的因素结构模型

资料来源：范巍和王重鸣（2006）。

从上述创业意愿的模型中可以看出，学者们对于创业意愿的研究从创业意愿会影响创业行为的发生，转向为了提高创业行为开展的可能性而促进创业意愿的培养，创业意愿也会随着后天的教育学习或环境的变化而发生变化。这样，创业意愿的提升无疑会增加创业行为开展的可能性，虽然创业意愿的前置变量因不同学者的研究而各不相同，但大多是受到环境的影响，而环境分为不同类型，如角色示范、社会规范、自我效能、态度等。也就是说这些影响创业意愿的变量同时又会影响创业行为。

三　创业意愿的测量

对创业意愿这个变量的测量，学术界提出了不同的观点，从简单的单维度单题项的类型变量测量方法到单维度多题项的测量方法，一直发展到目前的多维度的测量方法，单维度单题项类型变量的测量方法如表 2-3 所示，单题项的分类测量方式过于简单和主观，不能测量意愿的强度。

表 2-3 创业意愿的单维度单题项类型变量的测量方法

学者	题项
Bonnett 和 Furnham（1991）	是否参与"青年创业计划"
Brandstatter（1997）	是否成为创业者协会的会员
Sagie 和 Elizur（1999）；Thomas 和 Mueller（2000）	所学专业
Sharma 和 Chrisman（1999）	是否在小企业发展中心进行过信息咨询
Raijman（2001）；Lee 和 Wong（2004）	自我报告
Francis 和 Banning（2001）	职业目标的内容分析法

资料来源：笔者根据相关文献整理而成。

单题项测量创业意愿虽然很直观，但也存在一些问题，如单题项的信度和效度较难测量。后来学者们多采用多题项测量方法，这样可以降低测量本身的误差。在单维度多题项的测量方法中有代表性的研究如表 2-4 所示。

表 2-4 创业意愿的单维度多题项的测量方法

学者	题项
Chen 等（1998）	对创办新企业多感兴趣
	对创办新企业的考虑程度
	对创办新企业的准备程度
	尽最大努力去创办新企业
	多久后将创办新企业
Zhao 等（2005）	创建一个新企业
	收购一个小企业
	开始创建一个高增长的企业
	收购一个高增长的企业
Thompson（2009）	在将来打算开公司
	从不寻找创业机会
	为开公司而存钱

续表

学者	题项
Thompson（2009）	从不阅读关于如何开公司的书籍
	会花时间学习创业知识
	不知道如何创办新企业

资料来源：笔者根据相关文献整理而成。

除了单维度测量外，很多学者也使用了多维度测量创业意愿（见表2-5）。较多学者是从感知希求性和感知可行性两个维度来测量创业意愿的。

表2-5 创业意愿的多维度的测量方法

学者	维度
Ajzen（1991）	感知行为控制、主观规范、行为态度
Lee和Peterson（2000）	自治、创新、风险接受、先行性、竞争积极性
Buttner和Rosen（1921）	法定权利、替代经历、社会教唆、生理水平
Drnovsek和Erikson（2005）	态度、社会规范、自我效能、目标水平
Krueger和Brazeal（1994）	感知希求性（社会规范和态度）、感知可行性（自我效能）、行动倾向
Krueger等（2000）	感知希求性、感知可行性、突发因素
Grundstén（2004）	感知希求性、感知可行性
Martin等（2010）	有条件的创业意愿、无条件的创业意愿
范巍和王重鸣（2006）	创业希求性（自我尊重、成就导向和创新导向）、创业可行性（责任意识和个人控制）
薛永基和翟祥（2012）	创业可能性、创业倾向
薛永基和马奔（2014）	个人背景、创业态度、创业信念、创业倾向

资料来源：笔者根据相关文献整理而成。

第四节 创业学习概述

一 创业学习的内涵

学者们对于创业学习的定义并没有统一观点，他们分别从经验学习（Taylor & Thorpe，2004；Cope，2005）、认知学习（Rae & Carswell，

2001）和创业行为（Politis，2005；Rae，2006）视角对其进行界定。本书对文献进行梳理，总结了创业学习的代表性观点，如表2-6所示。

表2-6 创业学习的定义

研究视角	学者	创业学习的定义
经验学习	Reuber 和 Fischer（1993）	创业学习是把一些有价值的经验应用在创业背景中的学习
	Venkataraman 和 Macmillan（1997）	创业学习指的是从各种积累的经验中进行学习，来提升自己知识存量的过程
	Sullivan（2000）	创业学习是指从不断试错中取得经验并得到提高的过程
	Rae 和 Carswell（2001）	创业学习是一种对经验的理解过程
	张龙和刘洪（2003）	创业学习是一项复杂的系统过程，建立在对过去经验的反思学习上
	Erikson（2003）	创业学习研究的焦点应该是影响个体在早期职业发展时放弃其他道路而选择创业的决定因素，其中经验占了很大的比重，并且创业经验决定着创业胜任力
	Taylor & Thorpe（2004）	创业学习是对过去所发生的事情或案例及已有的知识进行回顾、分析总结和反思的学习
	Corbett（2007）	创业学习是创业者在创业活动中获取、储存知识，将机会的识别与开发过程描述为连续的学习过程
	Cope（2011）	创业学习是基于创业失败经验的学习
	单标安等（2014）	创业学习是创业者利用经验、认知和实践等方式获取或创造创业知识的过程。个人评析在各派观点中，经验学习理论得到推崇，从已有知识库中获得并转化成新信息或新经验，就说明发生了学习
认知学习	Young 和 Sexton（1997）	创业学习是一种习得、储存创业知识，把这些创业知识作为一种专家知识，并积极利用这些创业知识的过程
	Rae（2000）	创业学习就是学习以创业的方式工作。在创业者学习的过程中，知、行、意是相互联系的
	Holcomb 等（2009）	创业学习是个体在面对不确定的环境时，通过个体的直接经验和间接经验（观察或模仿他人行为），并以直观推断的思维方式不断更新个体自身的认知结构，而获取新知识的过程
创业行为	Deakins 和 Freel（1998）	创业学习是在创业过程中为了提升网络化能力、总结经验、反思既往战略、认知错误、获取资源、吸收外部成员加入创业团队等而进行的学习
	Minniti 和 Bygrave（2001）	创业学习是"加工信息—尝试错误—更新决策模式—提高绩效"的过程

续表

研究视角	学者	创业学习的定义
创业行为	Politis（2005）	创业学习是"创业者职业经验—探索和利用转化过程—创业知识—机会认知—对新奇事物适应"的一系列过程
	Cope（2005）	创业学习可被界定为一个意识、反馈、关联和应用的动态学习过程
	陈文婷和李新春（2010）	以中国创业企业为研究对象提出了创新思考、外部资源获取、信息共享、经验反思、战略试验五个创业学习的构成维度

资料来源：笔者根据相关文献整理而成。

从创业学习定义的列表中可以看到，创业学习是一个过程，这个过程又是循环往复的、呈螺旋式上升的过程，先前创业活动中发生的事件、遇到的问题，都是创业者进行学习的过程，同时不断汲取新的创业知识，形成创业者的创业知识体系，运用这些知识，创业者会对所有环境的变化进行区分，抽丝剥茧，积极获取外部资源并进行整合，将之运用到创业机会的识别和开发过程中。

二 创业学习的相关理论研究

近年来，已经发展了大量的概念框架来研究企业家的学习过程（Cope，2005；Corbett，2005；Holcomb et al.，2009；Minniti & Bygrave，2001；Politis，2005）。一些实证研究已经对创业学习过程的某些特定的主题进行了调查，如工作环境对创业学习的影响过程、在创业学习中态度的形成，以及学习的不对称性和机会发现的关系（Corbett，2007）。

一些文献阐述了经验是创业学习的最主要来源（Cope，2003；Politis，2005）。研究认为创业者从不同类型的经验中进行创业学习，包括他们早期的生活、事业、以前的合资企业、正式的和非正式的活动、角色模型和社会生活（Erikson，2003；Politis，2008；Rae & Carswell，2001）。然而，从经验中学习不仅仅是简单地重复过去在自己和他人身上成功完成的事情，以避免失败，相反，学习更应该被看作从经验中吸取教训的过程（Rae & Donald，1999），或对特定事件的批判性反思的过程（Cope，2003；Deakins & Wyper，2010），这样才是高水平的创业学习。因此，在成功的创业学习中，企业家对经验的积极解释是必不可少的，它可以被看作一个从经验中派生出来并不断被修正的过程的概念。

另一些文献论证了创业学习的另一个重要主题，即创业学习被认为是一种认知过程。例如，Young 和 Sexton（1997）认为创业学习是在长期的记忆里获取、储存和使用创业知识的一个心理过程。学习和学习的不对称性产生的差异会影响个体识别创业机会的能力（Corbett，2007）。Holcomb 等（2009）通过启发式的概念，试图概念化创业学习的认知过程。

创业学习研究的一个关键领域就是在创业过程中的循环机制。例如，Minniti 和 Bygrave（2001）认为技能的获取与决策的制定之间的关系可以看作迭代的、结果依赖的，并被企业家之前行为的自信水平影响。这与 Politis（2005）、Ravasi 和 Turati（2005）的概念框架是一致的，创业学习是创业者自我提升、增加创业知识的过程。

创业学习通常是创业者与他们所处的经营环境之间的互动过程，在该过程中他们可以组织内部和外部的各种社会关系（Down，1999），这些关系有助于为企业家提供辅助性知识和技能（Ravasi & Turati，2005）、为企业家提供支持（Sullivan，2000）、加强沟通和完成任务，以及共同参与决策（Taylor & Thorpe，2004）。因此，重视学习环境是至关重要的，它允许各种外部因素丰富学习过程。

除了这些关键特征外，近年来日益受到重视的领域是创业学习中的学习行为。例如，Politis（2005）强调了在学习的转化过程中，探索和开发行为模式的重要性。在 Cope（2005）的概念框架中，创业学习是一个涉及意识、反思、合作和应用的过程。其他研究人员也按照企业家的学习风格、学习模式和学习类型（Zhang，2006）研究了他们的学习行为。这一日益增长的关注反映了这样一个事实：为了进一步了解创业学习,不仅需要了解创业学习的影响以及它是怎样发生的,而且需要了解创业过程中企业家应做的事情。具体的创业学习模型如下。

(一) Kolb 的创业学习模型

Kolb(1984)将体验式学习定义为通过经验的转换来创造知识的过程。图 2-12 是 Kolb 的体验式学习模式的一种表现形式,表明个体通过经验、观察、概念化和实践(外部循环)来学习。

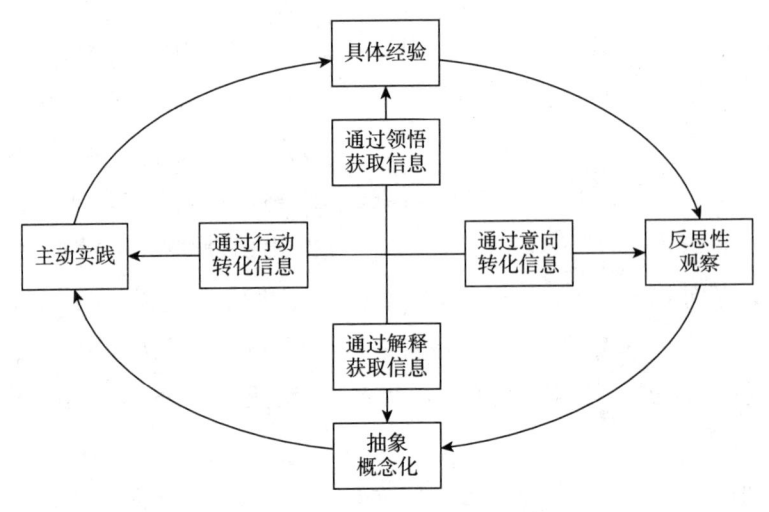

图 2-12　Kolb 的创业学习模型

资料来源:Kolb(1984)。

这个外部循环包括四个学习模式——具体经验、反思性观察、抽象概念化和主动实践。内部呈现了一个人如何获得和转换信息的过程。Kolb 解释说,图 2-12 中横轴表示的经验转换的维度是完全相反的。有些人倾向于通过扩展来转换,这意味着他们通过积极地测试他们在现实世界中的想法和经验来学习。另一些人则通过意愿来改变自己的想法,他们在内心反思自己的经历和想法的不同属性。综上所述,Kolb 的创业学习模型显示了由获取和转化信息这两个维度构成的学习和创造知识的四种方式。当一个人通过理解和转变来把握经验的时候,他就会创造出不同的知识。当一个人通过理解并通过扩展来掌握经验时,他就会创造出聚合的知识。最后，当一个人从恐惧中获得经验，并通过扩展来改变它时，他就会产生适应性的知识。

（二）Corbett 的创业学习模型

创业型企业家和大型组织中负责企业战略的管理者要想在企业间的竞争中立于不败之地，持续不断地学习是必须做的，通过经验学习，结合现有资源，寻找新的机会。创业学习理论（Entrepreneurial Learning Theory, ELT）依赖思维、感觉、行为和观察的认知和情境概念。ELT 专注于这个过程。通过将经验转化为新的知识，ELT 允许个人从他们的学习中发现新的结果，这正是企业家在试图发现新的经济关系时所做的事情（Shane & Venkataraman, 2000）。

机会识别过程中的 Lumpkin、Hills 和 Shrader 模型详细描述了四个主动步骤（准备、孵化、评估和细化），Kolb（1984）还提供了学习风格的类型——吸收者、聚焦者、发散者和适应者。吸收者通过思考和推理来掌握经验，通过观察和反思来改变它。聚焦者通过思考和推理，通过做和应用来实现转换。发散者通过感觉和行动，通过观察和反思来改变。适应者通过感觉和行动来体验，然后通过做和应用来改变。

通过对 Lumpkin 等的学习模式的转换，Corbett 阐述了理解学习作为机会识别和开发过程的一部分的重要性。Corbett（2007）运用 Kolb（1984）的经验学习理论构建了创业学习模型（见图 2-13）。在这个模型中 Corbett（2007）把创业学习与创业机会识别的不同阶段结合起来，形成准备阶段的聚焦学习、孕育阶段的吸收学习、评估阶段的发散学习和实施阶段的适应学习，从中可以看出，在机会识别和开发过程的不同阶段，某些学习方式可能更有效。

认识到这一点，我们就能明白为什么 ELT 可以揭示创业的过程。然而，并非所有的经验学习都一样。Kolb（1984）举例说明，个体倾向于有四种不同的体验式学习模式。考虑到所有这些因素，他认为具有不同学习模式的个体在创业过程的不同阶段表现更好。具体来说，这些学习模式也会映射到机会识别和开发过程的不同部分。这不包括顿悟阶段，因为它更像是一种学习的过程，是一段时间，而不是一个积极的步骤，并暗示每一步都需要进行不同的学习和积累相关的知识。

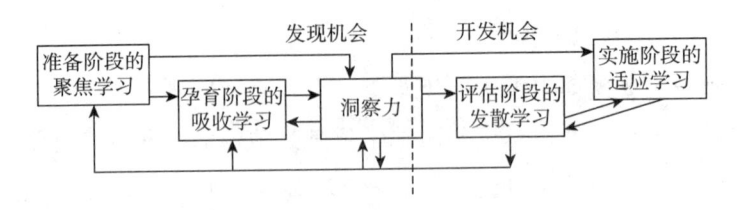

图 2-13 Corbett 的创业学习模型

资料来源：Corbett（2007）。

（三）Politis 的创业学习模型

创业学习通常被描述为一个持续的过程，它促进了必要的知识的发展，从而有效地启动和管理新的企业。然而，Politis（2005）发现很少有学者对"创业经验"和"创业知识"［或者是 Reuber 等（1990）所称的"经验获取的知识"］进行区分。因此，研究创业学习过程的起点可以是区分企业家的经验和由此获得的知识（Reuber & Fischer，1994）。区分这两种概念的一种方法是，将企业家的经验看作对与新风险创造相关的事件的直接观察或参与，而企业家所遇到的机会则代表了来自这一特定经验的知识（Reuber et al.，1990）。这一推理与 Kolb（1984）有关，他强调了经验学习获取和转换的两个基本维度。前者被认为与"经验"相对应（以下简称"经验"），后者被认为等同于"经验获取的知识"（以下简称"创业知识"）。

从企业家的经验和由此获得的知识的角度，Politis（2005）开始研究企业家的个人经历不断转化为知识的体验过程。他为了组织在文献中发现的创业学习过程的各种论证和反思，建立了一个概念框架，如图 2-14 所示。该框架表明了企业家的职业经验转化为创业知识（A）的发展过程，还介绍了企业家将经验转化为知识的主导模式，这个模式进一步影响了知识发展的类型（B），此外，该框架还介绍了影响经验转化为知识的主要因素（C）。

该框架既关注了企业家的职业经验对创业者创业知识形成的影响，

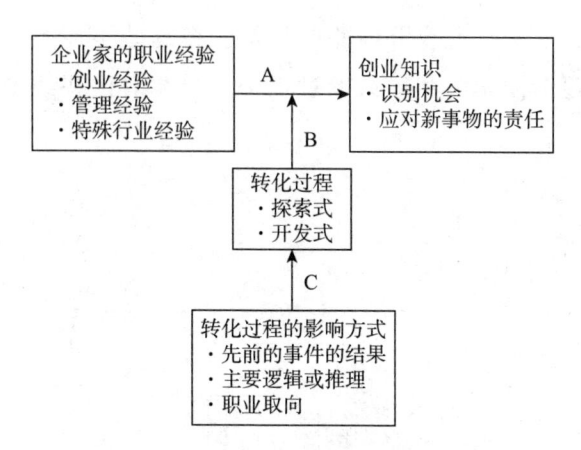

```
┌─────────────────┐              ┌─────────────────┐
│ 企业家的职业经验 │      A       │    创业知识      │
│ ·创业经验       │─────────────→│ ·识别机会       │
│ ·管理经验       │              │ ·应对新事物的责任│
│ ·特殊行业经验   │      ↑       │                 │
└─────────────────┘      B       └─────────────────┘
                         │
                  ┌─────────────┐
                  │  转化过程   │
                  │ ·探索式     │
                  │ ·开发式     │
                  └─────────────┘
                         ↑
                         C
                  ┌─────────────────┐
                  │转化过程的影响方式│
                  │·先前的事件的结果 │
                  │·主要逻辑或推理   │
                  │·职业取向         │
                  └─────────────────┘
```

图 2-14 Politis 的创业学习模型

资料来源：Politis (2005)。

也关注了创业者将职业经验转化为创业知识的中间过程。在这些论证的基础上，本书得出企业家创业学习的过程包括三个主要部分，即企业家的职业经验、转化过程和创业知识。这些组件是为了通过讨论经验转化为知识，来探索新的可能性和利用现有的知识，进而影响企业家发现和发掘创业机会的能力以及应对新企业面临的传统障碍。因此，该框架建议需要区分企业家所经历的事件和在研究创业学习过程中获得的知识 (Reuber et al.，1990)。

（四）Cope 的创业学习模型

Cope (2005) 梳理了大量关于学习的文献，提出了创业的学习视角，认为这是在创新阶段和创新过程中研究创业的动态本质的一种有价值的、独特的方法。这种研究创业精神的方法提供了一种看待这个领域的新视角。该方法通过强调企业家及其企业和更广阔的环境之间存在复杂的、互动的学习关系，为理解创业者提供了新的机会，如图 2-15 所示。

Cope (2005) 认为创业学习的特点不是稳定性、一致性或可预测性。相反，有证据表明，变形、不连续和变化的概念更恰当地概括了这一现象的动态。创业过程中的关键学习事件已经成为关于创业学习文献中的一个统一的主题。Cope 通过对反思、学习和行动之间关系的概念化，增强了对这些重要经验的理解。在这些不连续的经历与随后的更稳定和逐渐的学习相联系的过程中，需要对这些经验进行更深刻的理解。

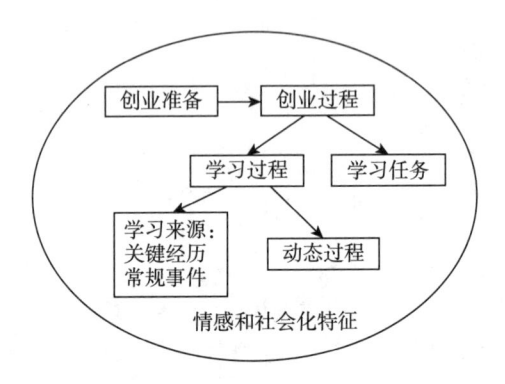

图 2-15 Cope 的创业学习模型

资料来源：Cope（2005）。

动态学习的视角为在创业领域内的现有文献的整合和重新概念化提供了相当大的可能性。例如，"学习过程"可以应用于组织增长和小企业生命周期。此外，还需要进一步的探索，以研究发现个人与组织之间存在相互发展的关系，企业家积极与企业分享他们的学习，以塑造其成长和发展方向（Cope & Watts，2000；Deakins & Freel，1998）。Cope 认为，"创业准备"和"学习任务"的概念可以被看作周期性的，也可以被看作暂时性的，企业家在创业过程中必须积极准备，学习具体的机会和成长阶段。

（五）Holcomb 等的创业学习模型

社会心理学和创业学领域逐渐关注直观推断，运用直观推断来解释创业学习。Holcomb 等（2009）就构建了以直观推断为基础的创业学习模型（见图 2-16），这样创业学习的过程就是直观推断、创业知识、创业决策制定、创业行动直至创业结果的过程，其中，创业者会根据自身的直接经验获取创业知识，也会通过观察他人的行动和结果来取得创业知识，这些知识都直接作用到创业者自身的直观推断之上，而直观推断在创业者进行创业决策制定和识别创业机会时起到重要作用。而且不同的学习方式对直观推断的作用力也不同,因而最终也会产生不同的创业结果。

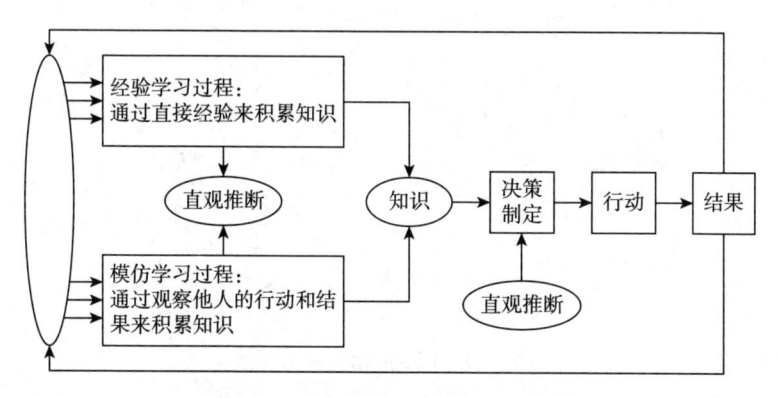

图 2-16 Holcomb 等的创业学习模型

资料来源:Holcomb 等(2009)。

(六)Rae 的创业学习模型

Rae(2005)的创业学习模型并没有从人们的认知过程的视角来进行研究。与那些根植于认知理论(Minniti & Bygrave, 2001;Mitchell et al. ,2002;Shepherd & Krueger, 2002)的、合理的或经济的创业行为相比较,没有共同的基础理论。尽管认知主义在文献中是普遍和有影响力的,正如 Gergen(1999)所指出的,我们要给出一个强有力的理由而不是简单地接受这一观点,它同样适用于提出一个社会建构主义的替代方案。Rae 的创业学习模型由与创业学习关系密切的三大主题及 11 个附属主题构成,即创业学习的三元模型,如图 2-17 所示,三大主题是个人或社会的出现、共同构建企业、情境学习。Rae 通过分析创业者的创业经历总结出与个人或社会的出现主题相关的附属主题,分别是叙事性身份建构、家庭的作用、实践身份、目前和未来身份间的张力。

Rae 的创业学习模型建立在 Wenger(1998)的社会学习理论的基础上,将其融入创业学习的活动中,通过强调创造、识别和发展机会,Wenger 的一些主题变得比其他研究的主题更重要。该模型还借鉴了社会建构主义、叙事和实用主义等理论,包括 Mead(1934)、Vygotsky(1962)、Polkinghorne(1988)、Shotter(1993)、Gergen(1999)等,也

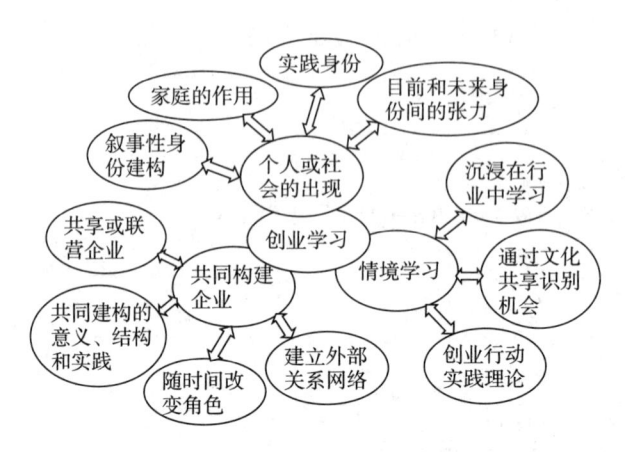

图 2-17 Rae 的创业学习模型

资料来源：Rae (2005)。

就是说，Rae 的创业学习模型是基于社会建构主义思想而构建的。该模型至少有两个实际应用，一个是教育者，另一个是商业从业者。从教育上讲，有必要建立一种整体的创业学习模式，学生可以利用这种模式来理解他们自己的学习、实践和发展，并且可以用这个模型来帮助他们。该模型也可能对商业从业者有价值，因为它提出个人或社会的出现以及身份认同的相应转变是创业经验的一个基本方面，而不仅仅是认知上被同化的技能和知识。

从上述创业学习的理论模型可以看出，不同学派对创业学习研究的重点各不相同，但都丰富了创业学习的理论，拓宽了创业学习研究的视角，为后续的研究提供了理论基础。如经济学派指出隐性知识的整合对创业机会识别和开发具有决定性作用；心理学派则认为创业认知对创业学习具有重要影响；行为学派则从创业过程角度分析，提出创业者的先前经验可以转化为创业者的创业知识。

三 创业学习的测量

对于创业学习变量的测量，学者们有不同的测量方式，但大都采用多维度的测量方法，本书从创业学习方式和创业学习行为模式两方面来总结，具体如表 2-7 所示。

表 2-7 创业学习的测量方法

学者	维度
Minniti 和 Bygrave (2001); Cope (2005, 2011); Politis (2005); Petkova (2009); Reuber 和 Fischer (1993); Sullivan (2000)	经验学习
Bandura (1977); Kolb (1984)	经验学习、认知学习
Holcomb 等 (2009)	经验学习、替代学习
Greeno 等 (1996); Corbett (2005); 单标安 (2013); 蔡莉等 (2014)	经验学习、认知学习、实践学习
Rae 和 Carswell (2001)	经验学习、认知学习、网络学习
March (1991)	探索性学习、利用性学习
陈文婷和李新春 (2010)	创新思考、外部信息资源获取、信息共享、经验反思、战略试验
赵荔和丁栋虹 (2010)	初始学习、经验学习、模仿学习、搜寻与顿悟学习、嫁接学习
Hamilton (2011)	实践学习
徐亚平 (2011)	信息获取、关键反思、实践应用以及记忆储存
谢雅萍和黄美娇 (2014)	模仿、交流、指导

资料来源：笔者根据相关文献整理而成。

（一）创业学习方式的测量方法

创业学习从学习方式的角度进行划分可以分为经验学习和认知学习（Bandura，1977；Kolb，1984）。经验学习是创业者个体通过不断的尝试和试错，从中总结经验和教训，在这个过程中，将所有的经验转化为创业知识，形成创业者的新知识体系（Kolb，1984）。而认知学习则是创业者要观察其他创业者或组织的创业过程和创业结果，再结合自身的创业知识，对所有知识进行重组和整合，进而转化为新的知识，在认知上得到了提升（Holcomb et al.，2009）。经验学习是创业者根据自身经验总结的知识，而认知学习是创业者从他人的创业行为中学习到的知识。Greeno 等（1996）则认为还需要将经验学习和认知学习应用到实践中，进行实践学习，他将创业学习分为经验学习、认知学习和实践学习三个维度。单标安（2013）通过实证分析验证了该观点。

(二) 创业学习行为模式的测量方法

March（1991）将创业学习分为了探索性学习和利用性学习两个维度，他从创业学习的行为模式视角进行研究，发现探索性学习是创业者通过不断探索新事物，了解更多新的信息来进行学习，是尝试、发现和变化的过程，而利用性学习则是对现有的知识进行筛选、提炼和执行。Corbett（2005）、Lumpkin 和 Lichtenstein（2005）从创业学习行为模式的视角出发，将创业学习划分为收敛学习、同化学习、发散学习、调和学习四个维度。

第五节　创业机会识别概述

学者们对于创业的研究更倾向于创业过程的研究，而创业的过程就是识别和发现创业机会，并开发创业机会的过程。很多学者认为创业机会是创业的核心内容（Shane & Venkataraman, 2000; Timmons, 1999; Sahlman, 1999）。因此在创业研究中，创业机会的识别、开发问题一直是关注的焦点。更深入地研究创业机会是如何被识别的、被什么人识别的以及什么时间被识别的就变得更重要了（Shane & Venkataraman, 2000），并且创业机会要与人（创业者）、资源、环境相结合共同研究，才能更有利于创业研究。本书研究的目的是促进创业行为的开展，对创业机会的研究有利于创业者识别出有用的创业机会，并将创业机会转化为新创企业的财富。

一　创业机会的内涵

创业者在创业过程中要时刻保持高度的警觉性，才能在市场中识别出创业机会（Kirzner, 1979）。这就需要创业者具备识别和开发创业机会的能力，Shane 和 Venkataraman（2000）曾说过，创业的研究就是探索创业者是怎样发现并开发创业机会的。那什么是创业机会呢？早在1934年熊彼特就指出，创业机会就是结合创业资源来满足市场需求，实现价值的可能性。Timmons 等（1994）也指出，创业机会必须能为创业者创造财富，并具备适时性、持久性和吸引力这三个特征。Shane 和 Venkataraman（2000）则认为，创业机会可能是一种新产品、一种新服务或者一种新材料，也可能是一种新的组织方式，通过企业的运营来增加创业者的财富。Alsos 和 Kaikkonen（2004）也认为，创业机会是一种新产品，通过市场引入带给顾客更好的服务，帮助创业者增加利润。这种观点与 Shane 和 Venkataraman（2000）的观点类似。本书赞同他们的观点，认为创业机会是创业者运用自己掌握的知识、信息从市场上搜寻到的能够增加创业者自身财富，并能够给顾客带来更好的产品或服务的机会。

虽然创业机会会给创业者带来巨大财富，但创业机会并不容易被寻找到，需要特定的创业者在特定的时间对特有的信息进行分析和甄别，这就要求创业者要具有警觉性，能够从纷繁复杂的信息中探寻到有用的信息，并能通过掌握的专业知识来识别创业机会（Kirzner，1997）。不同的创业者个体对信息的感知不同，对信息的整合能力也不同，因而发现的机会也会有所差异（Ozgen，2003）。创业者面临的信息复杂多变，怎样才能识别出所需要的创业机会对于创业者来讲非常重要，而且要想更好地识别出创业机会，首先要了解创业机会的来源。

二 创业机会的来源

不同创业者对创业机会的感知不同，寻找到的创业机会也不同，学者们对创业机会来源的探寻也各有不同的观点。熊彼特（1934）认为创业机会来源于五种创新形式，即新产品或新服务的创新、新生产方法的创新、新市场的创新、原材料来源地的创新和组织新形态的创新。创业者可以从这五个方面寻找可能存在的创业机会。Kirzner（1979）从创业信息的不对称性角度分析了创业机会来源，他认为信息不对称的市场才是创业机会最主要的来源，创业者要具有敏锐发现机会的警觉性，才能在信息不对称、不均衡的市场中发现机会。Timmons（1999）则认为混乱、变化、不连续的状况会产生创业机会，如政策法规的改变、技术的创新和变革、管理者经营不善、价值链重组、领导者对市场的短视、战略型企业家都是创业机会的来源。环境的变化是创业机会的重要来源,如政治、经济等社会环境的变化都为创业者识别创业机会提供了来源(Ardichvili et al., 2003)。Eckhardt 和 Shane(2003)对创业机会的来源进行了概括,他们认为外部环境的变化、供需不平衡以及信息的不对称都会给创业者带来有用的创业机会。陈震红和董俊武(2005)也概括了创业机会的来源,他们认为创业机会的来源取决于创业机会类型,创业机会类型分为政策机会、市场机会和技术机会。其中政策机会的来源就是政策发生变化而给创业者带来的创业机会。市场机会是由市场本身的特性决定的,市场是随时发生变化的,供给的不足、新需求的增加、国际市场环境的考核以及产业转移等,都会给创业者带来新的创业机会。而技术机会就是由于新技术的出现而产生的技术变革,这必然会出现创业机会。

可见,学者们对创业机会来源的观点并不统一,主要是因为市场环境既是瞬息万变的,又是纷繁复杂的,可以寻找创业机会的角度就是千变万化的,这就需要创业者具有识别创业机会的警觉性,掌握相关的知识和信息,才能在繁杂的信息中甄别出有利可图的创业机会。怎样才能识别出有利可图的创业机会呢?首先要了解创业机会识别的内涵。

三 创业机会识别的内涵

创业机会的识别和开发一直是创业研究的重中之重,在了解如何进行创业机会识别前,需要对创业机会识别进行界定,学术界对创业机会识别的定义从不同的角度进行了阐述。

从创业机会的发现角度来看,机会的识别更像是一种"顿悟",是在特定的市场进行信息搜寻时的"意外"发现(Teach et al., 1989)。而且机会就存在于市场中,对每个人都是平等的,每个人发现机会的可能性都是相同的,为什么有些人能够识别出机会,而有些人没有识别出创业机会呢?这要从创业者个人所具备的特质方面来分析。Kirzner(1997)就发现创业者如果具有高度的敏感性,其对创业机会的感知能力越强，越可能发现创业机会。Shane 和 Venkataraman（2000）指出，创业机会识别就是感知一些机会，这些机会能够改善现有业务，并会产生大量利润。Lumpkin 和 Lichtenstein（2005）也指出，对潜在的能够增加商业价值的概念的感知就是创业机会识别。Bygrave 和 Hofer（1991）从创业过程角度出发，认为创业机会识别是一个过程，是从感知机会一直到公司的创建完成的过程。

从创业机会的创造视角来看，识别的机会来自创业者对创业机会搜寻的过程（Sarasvathy，2001）。创业者在机会搜寻过程中，必然会与环境发生互动，而创业者是有目的性地进行机会搜寻，因创业者行为对市场环境产生了作用，影响了市场的秩序，创业机会也会随之出现（Baker & Nelson，2005）。创业机会的创造视角认为在创业者进行创业机会搜寻前，创业机会并不明显，而由于创业者的行为作用，创业机会才浮出水面，创业者才得以进一步开发创业机会。

还有学者认为创业机会识别是一个过程。Long 和 McMullan（1984）就提出创业机会识别包含四个阶段，即创业准备设想、创业机会观察、创业机会分析、创业决策制定。Hills 等（1995）也提出，创业者首先要感知市场的需求，然后为了满足市场和相关资源的需求，创造新业务，这一过程就是创业机会识别。机会的搜寻、识别与评价就是创业机会识别。Lumpkin 和 Dess（2001）构建了基于创造的创业机会识别过程模型，他们将创业机会的创造观和过程观结合，认为整个创业机会识别过程包含准备、孵化、洞察和评估四个阶段。准备阶段和孵化阶段就是机会创造阶段，洞察阶段是对机会进行分析阶段，而评估阶段要通过考核创业机会的可行性和盈利性来做出判断。

本书认为创业机会识别是一个过程，创业机会既有可能是被创造出来的，也有可能是既有的机会刚好被发现，但创业机会的发现也不是偶然的，是创业者利用掌握的资源和经验，结合自身的特质，再加上创业者具有创业倾向，且对外界环境的变化异常敏感，因而对有利于创业的任何信息都能捕捉到，都能转化成创业机会，进而去分析处理这样的信息，在这个过程中，又可能会有更多的机会出现，使创业者对创业机会的识别得以实现。

四 创业机会识别的影响因素

创业活动的起点就是创业机会识别，因此，创业机会识别的研究是创业研究的核心问题，具体的研究是，什么样的人可以识别创业机会，而其他人为什么不能够识别出创业机会？学者们对创业机会识别的影响因素进行研究后发现，影响因素较多，研究成果也很丰富，如创业者个人特质、先前的创业经验、社会网络以及创业警觉性等，这些因素都有利于创业者从外部环境的变化中识别出有利可图的创业机会（Kirzner，1973）。Venkataraman 和 Macmillan（1997）也发现先前经验形成的知识对创业机会的识别非常重要，具有先前经验的创业者可能会遇到之前已经遇到过的问题，创业者就会较容易解决这类问题，与其他创业者相比会更容易识别创业机会。Hills 等（1997）也指出社会网络对创业机会识别有非常重要的影响，较大规模的网络关系中创业者接触到的信息量较多，创业机会的识别与开发较容易实现。

Ardichvili 等（2003）对影响创业机会识别与开发的因素进行整合，厘清了各个关键因素之间的关系，构建了创业机会识别与开发过程的理论模型，如图 2-18 所示。从图中可以看出，创业机会识别的影响因素主要有创业者个人特质、先前经验和社会网络，创业者个人特质和先前经验共同作用于社会网络，三种因素共同影响创业者的创业警觉性，进一步影响创业者的机会识别与开发。创业机会的识别、评估与开发是整个过程的核心。Ardichvili 等的理论模型为后续的创业机会识别研究提供了理论基础，现有的研究大多是在此基础上开展的。

Ucbasaran 等（2009）将人力资本分为特殊人力资本和一般人力资本，特殊人力资本就是有创业者特质的人，这部分人更容易识别创业机会，同时先前经验也会影响创业机会识别，他们通过创业者曾经拥有企业的数量和质量来衡量先前经验，发现创业者拥有失败企业的数量和创业机会识别的数量间呈 U 形关系。Granovetter（1973）的社会网络关系理论认为弱关系会比强关系网络带给创业者更多的信息资源，更多的信息资源会给创业者提供更多的创业机会。Coleman（1988）则认为强关系网络会使亲密的网络成员之间能提供更可靠、更有价值的信息，创业机会也更容易被识别。此外，Krueger 等（2000）提出创业机会识别是一个认知的过程，其中的心智模拟和逆向思维对创业机会识别也有重要的促进作用。但是在创业知识或创业信息掌握不充分的情况下，创业者也会出现认知上的偏差，过度相信主观判断而没有进行系统分析，对成功的过高期盼，也不利于创业机会的识别和评估（Simon，2000）。提高创业者认知以促进创业机会识别的重要途径就是创业学习，创业学习会帮助创业者获取更多的创业知识和创业信息，扩展了创业者关于创业领域的知识，使创业者在识别创业机会时更准确，更能把握时机。

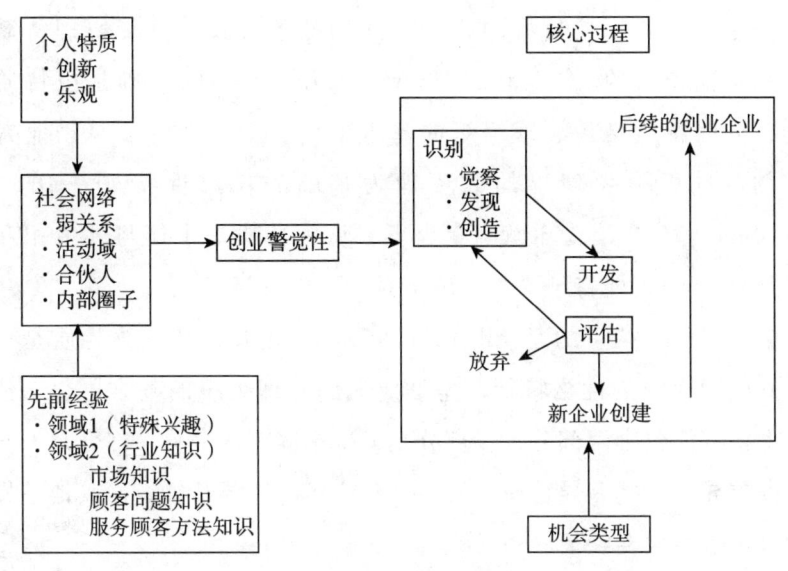

图 2-18 创业机会识别与开发过程的理论模型

资料来源：Ardichvili 等（2003）。

第六节 创业者特质概述

一 创业者特质的内涵

创业者特质的概念来自人格特质的概念，又称为企业家特质。创业者特质是创业者体现出的个性特质，个性特质是比较稳定的。Allport 早在 20 世纪 40 年代就提炼总结出了特质这个概念，是指个体与个体之间的差异，用来区分不同个体的人格特征，并形成了人格特质论。对于心理特质来说，研究者希望通过对特质的筛选来帮助创业者们避免由人格特质缺陷导致国家资源的浪费（McClelland，1965）。不同创业者之间人格特征的差异就形成了创业者特质。

Brockhaus（1980）认为成功的创业者与其他个体之间的差异就是创业者个体特质的差异，这些个体特质对创业的成功起到决定性作用。Robertson 等（1991）提出创业者特质主要是指心理特质的总和，是指创业者比较独特的行为方式和处事方式，这种心理特质是比较稳定而持久的。Allport（1966）认为，人格的基础是由特质构成的，同时特质又是心理组织的基本单位，创业者特质是创业者个体在创业过程中表现出的以生理为基础的稳定性特征。Olver 和 Mooradian（2003）从环境因素出发，认为特质是个体与环境相互作用所形成的持久性特征。

学者们广泛认可的是 Allport（1966）的定义，他认为特质是形成人格基础的稳定的性格特征，是形成人们心理组织的基本单位。他指出，人格特征包含两部分，一部分是人生来固有的，另一部分是人与人之间的差异。这些差异特质中有一个是个体的主要特征，而其他差异特质构成个体的次要特征。

而后，研究者发现在创业过程中也会由于创业人员的性格差异而产生不同的创业结果。因此，在创业研究领域中也开始了对人格特质的研究，形成了创业者特质这一概念，具有创业者特质的个体既有与其他普通个体相同的特质，又有能在创业中帮助创业者取得很好创业效果的特质，后一部分就是创业者特质，创业者特质受到学者们的广泛关注。Brockhaus（1980）就曾说过，创业研究最重要的内容就是要区别出成功创业者与普通个体的差异，这些差异就是创业者特质的差异，这些差异能够帮助创业者在创业成功的道路上走得更远。

二 创业者特质相关内容的研究

创业者特质的研究起始于 20 世纪，当时学者们就开始了对创业者特质进行深入的调查和研究。学者们对创业者特质研究的重点一直都是创业者所具有的对于创业成功起到重要作用的特质，这些特质能够帮助创业者识别创业机会并进行财富创造，这些特质是非创业者所不具备的。Miller（1986）告诉我们要想创业成功就要对创业者和非创业者进行比较，了解自身的不足与优势，为创业成功做好基础准备。因此，我们要重视创业者特质的研究。很多学者对创业者应该具备的特质进行了研究，但没有统一的结论（见表 2-8）。

表 2-8 创业者的特质

学者	创业者应具备的特质
Mill（1848）	承担风险
法约尔（1982）	品德、文化、体力、智力、专业知识和经验
Schumpeter（1934）	革新、动机
Schumpeter（1935）	创新性、成就需要、内控制源
McClelland（1961）	承担风险、有实现成就的需求
Silverman 等（1963）	野心、渴望独立、担负责任、自信
Gibb（1969）	外表英俊潇洒、善于言辞和沟通、充满自信、智力超群、愿意支配他人、心理健康、外向且细腻敏感
Palmer（1971）	风险评估
Hornaday 和 Aboud（1971）	实现成就的需要、自主性、进取性、权力、认识、独立
Cattell 等（1972）	体质特质、表面特质、气质特质、环境塑造特质、习得特质、本能特质、动力特质和根源特质
Winter（1973）	对权力的需求
Stogdill（1975）	有责任心、勇敢可靠、勤于自律、有胆识且有谋略、身体健康、人际关系良好、组织力强
Baumol（1977）	有旺盛的精力、有非凡的勇气、有坚韧的毅力、具有煽动性、富有想象力、勇于承担风险、品德超人

续表

学者	创业者应具备的特质
Sexton（1980）	精力、雄心、勇敢面对挫折
Welsh 和 White（1981）	控制的需求、责任追求、自信、驱动力、迎接挑战、适当承担风险
Dunkelberg 和 Cooper（1982）	发展导向、独立导向、工艺导向
Macmillan 和 Siegel（1985）	熟悉市场、高强度的写作能力、领导能力
Ibrahim 和 Goodwin（1986）	有分权能力、处理顾客与雇员关系的能力，人际交往技巧，与控制着重要资源和相关技能的人结成网络
Zimmer 和 Aldrich（1987）	希望看到公司从创立到不断壮大发展，能清楚地传达公司目标；调动其他人统一行动的能力
Timmons 等（1987）	在利用商机的过程中有识别和展望的能力
Chandler 和 Jansen（1992）	自我评估以识别商机的能力
McGrath 等（1992）	高度个人主义、不易接近、避免不确定性、大丈夫气概
Bornstein 和 House（2005）	敢于突破自我、敢于奉献、善于提升自我、荣誉分享、道德驱动、默默无闻
邓家益（2006）	坚忍不拔的性格、积极进取的态度、对新事业的追求、严于律己的习惯、诚实的品格、承担未知风险的能力
Rauch 和 Frese（2007）	创新性、冒险性、内控性、成就动机

资料来源：笔者根据相关文献整理而成。

从表 2-8 中学者们对创业者特质的描述可以看出，创业者特质可以分为两个类别，一类是特质的外在表现，如形象、气质等，另一类是创业者的心理特质，如内控性、成就需要、责任感、领袖气质、自我效能感等，而特质的外在表现是由心理特质决定的。因而学者们对于创业者特质的研究更倾向于心理特质的研究，并且这些心理特质在成功的创业者身上具有共性，他们都具有成就感，更富有责任心，也愿意承担风险等（Timmons，1985）。这些心理特质被认为是创业者区别于非创业者的最重要的特质。本书从心理学视角研究创业者特质。

三 创业者特质的测量

创业者特质是能够帮助创业者在纷繁复杂的信息中识别出有用的创业机会并将创业机会转化为资本的关键要素。这些特质多为学者针对创业者和非创业者进行比较分析得出来的，是创业者的心理特质，最开始学者们是运用单维度测量方法对这种心理特质进行测量的，如 Knight（1921）使用的是风险倾向，而 McClelland（1961）运用的是成就动机来描述创业者的特质。然而因为这些特质是复杂的、多角度的，所以学者们对创业者特质这个变量进行测量时，认为多维度测量方法更准确一些，早在 1935 年 Schumpeter 等学者就在经济理论发展的研究中使用成就需要、内控制源、创新性等心理特质来描述创业者特质，Rauch 和 Frese（2007）等人使用创新性、内控性、冒险性和成就动机来测量创业者特质。随后很多学者使用了多维度方法来测量创业者的心理特质，如表 2-9 所示。

表 2-9 创业者特质维度划分

学者	维度
熊彼特（1935）	创造性
McClelland（1953）	成就需要
Rotter（1966）；Wijbenga 和 Van Witteloostuijn（2007）	内控制源
Timmons 等（1985）；Knight（1921）	风险承担性
Marcati 等（2008）	创新性
Lee 等（2001）	成就动机、内控制源、独立性、外向性
Rauch 和 Frese（2007）	成就动机、创新性、自治性、压力容忍性、先动性
Wagener 等（2010）	创新性、独立性、领导性、不确定性容忍度、风险承担性
Elenurm 和 Alas（2009）	创新性、创造性、灵活性、决心、对新信息的开放度、风险承担性
Thomas 和 Mueller（2000）	创新性、内控制源
Poon 等（2006）	成就动机、内控制源、自我效能感
Chen 等（1998）	自我效能感

资料来源：笔者根据相关文献整理而成。

从表 2-9 中可以看出大多数学者更倾向使用成就动机（成就需要）、内控制源（内控能力）、风险承担性（风险承担倾向）、模糊容忍度（不确定性容忍度）、独立性和创新性这几个维度。其中使用频率较高、公认度较高的是成就动机、风险承担性、内控制源、模糊容忍度（Carter et al.,2003；Bonnett & Furnham，1991）。

（一）成就动机（成就需要）

创业者特质中最显著的特征就是成就动机（E. M. Babb & S. V. Babb，1992），成就动机指的是创业者对创业成就的需要，是创业者更希望通过创业提高自己社会地位和声望的欲望（Stewart et al.，2010）。非创业者就缺乏这样的成就动机。正因为创业者具有成就动机，他们更希望创业取得成功，因而所有的行为都会为创业做准备，动机决定行为，这样的创业者会更愿意学习也愿意接受更多的挑战。虽然创业成就动机能较好地反映创业者特质，但成就动机这一单一指标不足以完全说明创业者特质，因而成就动机要与其他创业者特质结合，综合反映创业者特质（Hansemark，2003）。

（二）风险承担性（风险承担倾向）

在经济理论研究中，学者们很早就将风险承担性纳入研究框架中（Knight，1921），并对风险承担性进行了大量的实证研究。创业过程中充斥着大量的不确定性和风险，造成了创业企业的存活率较低，创业者要想创业取得成功，必然要求自己具备能够承担更多风险的能力（Lumpkin & Dess，1996），只有敢于承担风险，面对不确定性和风险才能不畏惧，才能识别出创业机会并合理地规避风险，这才是创业者获得巨大回报的最重要原因。Sitkin 和 Pablo（1992）认为风险承担性是个体对于风险的倾向，风险承担性强表明其更愿意追逐风险，会选取相对冒险的行为方式。从另一个角度来讲，风险承担性又被认为是个体对风险的反映和应对的方式或采取的行动。在面对风险方面，创业者往往喜欢冒更大的风险（Tang，2008），会采取积极的态度，而积极的态度就会使创业者获得特别的优势，赢得创业的成功。因此风险承担性成为创业者特质的另一个维度。

（三）内控制源（内控能力）

内控制源是指创业者能够控制自己的行为，同时能够掌控自己的工作及工作的结果（Rotter，1966）。拥有内控制源的创业者更倾向于自己掌控自己的命运，通过自己的努力来完成创业的目标。创业者具备了内控能力，就能够在创业活动中更自信，也会非常积极，相信努力就会得到自己想要的结果，因而他们一旦设定目标，就会按照目标严格要求自己，为达成目标甘愿承担风险。Krueger（1993）提出，内控能力是创业行为的先决条件。Brockhaus（1975）经过对商学院的学生进行调研发现，有创业意愿的学生比那些没有创业意愿的学生的内控能力更强。Levin和Leginsky（1991）也发现了创业者比那些非创业者表现出更强的内控能力。因此，潜在的创业者被认为更具备内控能力（Brockhaus，1980）。

（四）模糊容忍度（不确定性容忍度）

模糊容忍度是个体对模糊的、不确定的现象的反应或采取的行为。Nikias和Budner（1982）认为模糊容忍度是在状况模糊、结果不确定的情况下，个体对这种情况的反应，有些个体会逃避，而有些个体会去探寻，在这种模糊和不确定的情境中寻找对自己有利的信息，往往不确定性中会伴随着机会，因而创业者要想寻找有利可图的创业机会，就必须接受不确定性，实际上，这种不确定性对创业者最具有吸引力，不确定性是创业者能够取得成功的关键，只有在不确定性中获得的机会才能在创业中取得更大的成功。所以，模糊容忍度是创业者必备的重要特质（Schere，1982）。

第七节 环境不确定性概述

一 环境不确定性的内涵

环境是企业在经营过程中面临的外部影响因素，一般包含政治环境、经济环境和文化环境。环境对企业的经营和发展具有重要的影响，创业者在创业过程中也是处于这样的环境中，也受到环境因素的影响。因此环境的研究一直是创业领域研究中比较关注的课题。创业环境是一个由多因素构成的综合体系，是开展创业活动的重要基础，是影响创业者个体开展创业活动的全部外部因素（Gartner，1995）。环境之所以对创业有影响，关键是因为环境具有不确定性，处于不确定的环境中的创业也必然是不确定的，因而要想更好地理解创业，就必须对环境的不确定性进行深入研究和探讨，这样才能在创业过程中掌握更多的信息和资源，才能取得创业的成功。

在了解环境不确定性之前，要先明晰不确定性的内涵，有学者将不确定性定义为无法确定未来事件发生的可能性，还有学者认为不确定性是由于事件缺乏必然的联系，而不能准确预测事件的结果。整个创业活动是处于不确定性中的（Audretsch，2007），对环境不确定性的研究就非常必要了。国外学者对环境不确定性的研究较为深入。Knight（1921）最早指出，不确定性是由于人们缺乏对事件基本性质以及事件可能发生结果的认识，因而难以预测或定量分析。Duncan（1972）围绕企业决策面临的不确定性认为环境不确定性是创业者掌握的信息不足，在做决策时很难准确估计决策的结果或环境对决策的影响。Milliken（1987）则认为由于掌握的信息不足或者自身能力不足以至于不能提取有用的数据，使个体对外部环境的状态和发展趋势不能准确地评估和预测。他认为环境不确定性首先是外部的环境状态，但同时又是由个人缺乏信心而不能充分了解外部环境导致的。Milliken（1987）将环境不确定性划分成反应不确定性、影响不确定性和状态不确定性。Priem等（2002）将环境不确定性定义为难以预测的环境的变动，也包含风险与模糊性，也就是说环境的不确定性主要是由环境的动态性引起的。汪浩瀚（2003）也认为要从动态的视角来分析环境不确定性，环境不确定性是个体难以准确预测环境自身的特征。

对环境不确定性的理解还要将其区别于风险。Knight（1921）对此进行了详细的论述，他认为风险经由理论模型估计和统计分析，是可以被企业准确估算出来的。而不确定性却不能被估算出来，管理者对不确定性基本认识不足，对整个环境的把握是模糊的，无法准确估计事件产生的结果。但是环境不确定性对企业来讲是积极的、有利的，不确定性中往往存在商机，如果具备一定的能力，从不确定性中就能够寻找到可以利用的机会。风险中则没有机会，人们除了估算就只能被动地承担风险。机会方面的差异是环境不确定性与风险的本质差异。

环境不确定性同样也给创业者带来了创业机会，在面对环境不确定性时，创业者迅速做出反应，搜寻出创业机会，创业成功就变得可能了。不确定性对创业者具有诱惑力，是创业的根本，增加了创业行为的可能性。很多经济学领域的学者（Schumpeter，1934；Kirzner，1979；Baumol，1993）和创业领域的学者（McGrath et al.，2000）认为，在不确定性情况下做决策是创业的本质。

综上，在综合分析了环境不确定性的内涵后，结合研究目的，本书认为环境不确定性就是由环境的动态性引起的，难以预测的环境的变动。环境不确定性不包含个体的因素，个体是否有能力识别环境不确定性不是环境不确定性本身的问题，而是个体特质的问题。环境不确定性对创业的重要作用得到了学者们的关注，很多学者对环境不确定性的维度进行了深入的研究。

二 环境不确定性维度的研究

对于变量维度的研究，一般是从单维度向多维度发展的，环境不确定性的维度也是从单维度向多维度逐渐发展的。国外学者提出的有代表性的研究观点如下。

由于环境不确定性涵盖的因素非常多，学者们一般使用多维度来衡量环境不确定性。使用单维度和两个维度研究的较少，如 March 和 Simon（1958）使用"资源丰富性"一个维度来描述环境不确定性，Duncan（1972）使用两个维度（复杂性和动态性）衡量环境不确定性。

多数学者使用三个维度测量环境不确定性，如差异性、复杂性和不可流动性（Child，1972）；动态性、异质性和敌对性（Miller & Friesen，1983）；动态性、复杂性和宽松性（Dess & Beard，1984）；状态不确定性、影响不确定性和反应不确定性（Milliken，1987）；复杂性、动态性和敌对性（Zahra，1985；Tan & Litschert，1994）；环境容忍度、环境动态性和环境复杂性（Aldrich, 1979; Priem et al., 2002; 张峥, 2011）。

Mintzberg（1983）使用复杂性、稳定性、市场差异性和敌对性四个维度来测量环境不确定性。Manolis（1997）利用多维度来测量环境不确定性，认为市场背景、任务环境、规章制度、激励和文化都要用来描述环境不确定性。

国内学者对于环境不确定性的度量也与国外学者相似。李大元等（2009）认为环境不确定性应该由动态性和敌对性来衡量。王宇（2009）则认为应该使用复杂性和敌对性来衡量环境不确定性。程鹏（2009）对外部环境不确定性的衡量则使用动态性、复杂性和敌对性三个维度，郑兵云和李邃（2011）也使用了这三个维度。王益谊等（2005）用变化性、可预测性、重要性和复杂性来测量环境不确定性。

通过研究发现，国内外学者们使用的维度包括动态性、复杂性、敌对性、竞争性、异质性、难以预测性等，表 2-10 列举了当前部分学者对环境不确定性维度划分的主要观点。

表 2-10 环境不确定性的维度

学者	维度
Duncan（1972）	复杂性、动态性
Child（1972）	不可流动性、差异性、复杂性
Mintzberg（1983）	稳定性、复杂性、敌对性、市场差异性
Miller 和 Friesen（1983）	动态性、异质性、敌对性
Milliken（1987）	状态不确定性、影响不确定性、反应不确定性
Zahra（1985）；程鹏（2009）	复杂性、敌对性、动态性
Dess 和 Beard（1984）	动态性、复杂性、宽松性
Miller（1987）；Jansen 等（2005）	动态性、竞争性

资料来源：笔者根据相关文献整理而成。

从这些学者对维度的研究发现，环境不确定性维度的研究最具代表性的是三个维度的测量方法，包含复杂性、敌对性和动态性，这种维度的测量方法得到学术界的普遍认可。复杂性是指市场环境的多样性、组织活动的异质性和环境变化的不确定性（Child, 1972）。环境复杂性主要描述了与组织相关的环境影响因素,以及影响因素的数量。敌对性是指外部环境竞争的激烈程度,以及面临的资源约束与威胁(张映红,2008)。动态性是指环境变化的速度,包含整个产业环境的变化,具体指技术、顾客需求、产品需求、原料供应、消费者行为或竞争对手等方面的变化,而环境变化的速度又具有不稳定性。

三 环境不确定性调节作用的研究

国内外学者对环境不确定性的分析大多是针对成熟企业进行分析的,Covin 和 Slevin(1991)研究了处于不同行业的制造业企业,发现环境不确定性能够促使企业成长,并能够给企业带来盈利,但这种机遇很难获得,正因为如此,越来越多的企业家希望在不确定的环境中获取竞争优势,因而不确定的环境对企业家更有吸引力。环境不确定性对企业如此重要,学者们也将环境不确定性纳入管理学研究领域。管理学研究领域中大多采用权变分析方法来研究环境不确定性,通常将环境不确定性作为调节变量进行研究。如环境不确定性对某些变量与企业绩效之间关系有显著的正向调节作用,具有代表性的观点如下。

Dimitratos 等(2004)认为环境不确定性对公司创业行为和企业绩效之间的关系具有正向调节作用。张映红(2008)也通过实证研究证明了高度的环境动态性、创新性对公司绩效的影响更强烈。Sarah 和 Gregory(2003)研究表明,环境特征会影响动态能力与企业绩效之间关系的强弱,即环境动态性越强,动态能力对企业绩效的作用越大。Stevenson 和 Jarillo-Mossi(1990)也指出环境不确定性对于新企业而言就意味着更高的风险,对企业的生存和发展都有重要影响,管理者对不确定性的规避更为关键。

环境不确定性对成熟企业的作用同样也适用于创业研究领域。Schumpeter(1934)指出创业过程的本质是将环境不确定因素转化为资本的过程。Miller 和 Friesen(1983)指出,环境不确定性与企业的创新和开创行为具有强正相关关系。Sh 和 Bhide(2000)也指出,由于创业机会本质的不确定性,那些具有良好市场发展前景的创业机会一般来源于环境的不确定性,而环境不确定性中的创业机会不是随处可见的,只有那些掌握较多知识、信息或资源并具有创业者特质的创业者才能够从不确定的环境中识别出来,因此环境不确定性通常是那些创业能力较强的创业者在创业活动中脱颖而出的法宝。环境不确定性对创业如此重要,因而学者们对环境不确定性的研究转为对创业活动的研究。

第三章

创业意愿与创业行为转化机制的理论分析

第一节 创业意愿与创业行为转化机制的理论框架模型

根据第二章对文献的梳理和分析，本章可以构建关于创业者创业行为、创业意愿、创业学习、创业机会识别、创业者特质及环境不确定性研究的理论框架模型（见图3-1）。

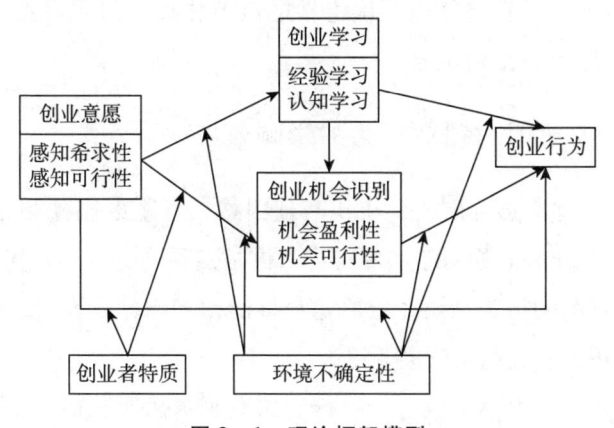

图3-1 理论框架模型

本书的自变量是创业意愿，其维度包括感知希求性与感知可行性；创业行为是一切创业意愿活动的结果，它是本书的因变量。创业意愿对创业行为具有正向影响，创业者内外部的社会联系能够帮助其发现和识别更多的创业机会，促进创业行为的发生。具有创业意愿的人要想创业成功必须掌握足够的创业知识，才能完成创业行为，而要想掌握足够的创业知识就必须进行创业学习。没有创业学习积累的创业知识，创业行为的开展必定非常艰难。因此创业学习会促进创业行为的发生。同时，创业机会识别又是创业过程中不可缺少的一个环节，只有具备了可以盈利或可以开展创业的机会，创业者在创业行为开展的道路上才又近了一步。因此将创业学习和创业机会识别作为本书的中介变量，它们是创业行为开展的动力，在创业者的创业意愿与创业行为中起间接效应。创业者特质和环境不确定性又在创业的过程中起到调节作用。

第二节　创业意愿与创业行为转化机制的研究假设

由相关文献可知，不同的创业意愿、创业学习、创业机会识别能够影响创业行为的开展。作为有创业意愿的个人如何开展创业学习，选择适合的创业机会来更好地促进创业行为呢？本书认为围绕创业意愿，分别选择可行的、能够识别创业机会的新方式，并进行有针对性的学习，同时考察创业者特质和环境不确定性的调节作用，将更有助于揭示创业意愿与创业行为的作用机制。

一　创业意愿对创业行为的影响效应

意愿是行为的必要前提，相比其他因素，意愿更能预测行为。Sutton（1998）就曾指出，意愿对于实际行为来讲是强预测变量，尤其是对那些不直观、很难预测的行为来讲，意愿是最好的预测指标。因而，创业意愿相比其他变量更能有效地预测创业行为。

通常情况下，个体对执行某种行为的意愿越强烈，其开展这种行为的可能性就越大。因此，创业意愿就成为创业行为最重要的预测变量。有创业意愿的个人更愿意创办自己的企业，实现自我雇佣。而没有创业意愿的个人更愿意接受给别人打工、受雇于人，成为工薪阶层的一分子。

Shapero 和 Sokol（1982）、Krueger 和 Carsrud（1993）都认为，只

有具有创业意愿，创业者个体才能开展创业行为，而且拥有的创业意愿的程度越高，创业者就越可能开展创业行为。创业意愿除了会促进新创企业的建立，也会对既有企业产生积极的作用。创业意愿会促进企业的扩张并加速技术进步，从而为企业创造财富（Shook et al.，2003）。

从目标设置理论视角来看，创建新企业就是创业者的目标。目标是个体对未来的期望，一旦有了目标，个体就会为了实现目标而努力。有创业意愿的个体会为了实现创建新企业的目标而开展一系列的行为。没有创业意愿的个体，就不会开展创业行为实现创建新企业这个目标。因此，若缺少行为的目标就很可能不会产生行为的结果，也就不会有创业行为。Kuratko 等（1997）也认为，具有创业意愿的个体在创业目标的引导下，会更积极地为创业行为的开展做准备。Kim 和 Hunter（1993）认为创业意愿会帮助创业者塑造后续目标、制定企业战略，这样新企业的生存和发展就有了目标，而且创业意愿对创业行为的影响是一个长期的过程。具有强烈创业意愿的个体，即使受到一些因素的影响而推迟创业行为，但最终仍会开展创业行为（Krueger & Carsrud，1993）。

从认知视角出发，创业意愿可以划分为感知希求性和感知可行性。个人对于一个行为（或成为一个创业者）是可以感知的，而对这种感知的吸引程度就是感知希求性。从感知希求性来看，创业行为对于创业者而言是有很大吸引力的，这种吸引力会使创业者去追逐心中的目标，为了完成这个目标而努力做准备，最终实现新企业的建立。感知可行性是指个人对于一个行为（或成为一个创业者）感知到的信息可以执行的程度。具有更高感知可行性的创业意愿的个人感知到的创业信息是更可能执行的，感知到的信息也更多，对所有的情况掌控更好，承担的风险更小，创业者更容易开展创业行为。因此，本书提出下列假设。

H1：创业意愿对创业行为有正向影响。

H1a：感知希求性对创业行为有正向影响。

H1b：感知可行性对创业行为有正向影响。

二 创业学习在创业意愿与创业行为关系间的中介效应

(一) 创业意愿对创业学习的影响

创业意愿是个人创办新企业的意愿,用来判断个人创办新企业的可能性。个人和社会因素都必须通过形成创业意愿来影响创业行为 (Bird, 1988)。具有创业意愿的个人要想达成创业行为,完成新企业的创建就必须为实现新企业的创建而做准备。Timmons (1999) 指出,创业者能力、创业机会、创业团队、创业外部环境与各种资源、创新等是创业的核心要素,创业正是在外部环境的驱动下,创业者凭借其能力,进行的把握创业机会、整合创业资源从而创建新企业的活动。而创业者要想组织运用这些资源就必须掌握相关的创业知识,否则初创企业的建立、管理或运营都会面临严峻的考验,甚至创业失败。

社会认知理论包含三元交互理论、观察学习和自我效能感等概念,其中观察学习的含义是指个体会观察他人的行为,然后学习他人的行为,进而变成自己的行为,把这种行为转变为对事情的正常反应。观察学习又称为示范作用,具有创业意愿的个体对创业感兴趣,就会不自觉地去观察成功创业者的行为,成功创业者的行为具有示范作用,通过观察学习,具有创业意愿的个体将企业家的行为进行综合分析,整理成自己的行为反应模式。

从创业学习的视角研究创业被认为是进一步理解创业本质的关键 (Cope, 2005; Minniti & Bygrave, 2001)。有意愿开展创业的个人相比其他人来讲一定要不断反思之前的失败行为,对创业过程中的经验教训进行总结。同时,具有创业意愿的个人也会不断学习新的知识和技能,通过阅读书籍或参加一些学习班来提高自身的技能,为创业活动的顺利开展进行知识储备。个人创办新企业、实施创业活动的意愿越强烈,他对于掌握新的专业或技能的愿望就越强烈,也越愿意参与到创业学习中来。具有创业意愿的人要想创业成功就要不断地充实自己,使自己掌握创业所需的各种知识和技能,创业学习能够帮助他收集关键的创业信息。创业者要想实现创业目标，将创业意愿转化为创业行为，就必须付诸行动，努力学习创业知识，创业学习是创业过程中的核心（Venkataraman 和 Macmillon，1997）。创业者的创业意愿越强烈，他越愿意付出更多的努力，掌握更多创业知识的愿望就越强烈，开展创业学习的积极性就越高。因此，创业意愿的强烈程度影响创业知识获取的努力程度，创业者的创业意愿越强烈越会促使他努力学习创业知识，完成创业知识的积累。因此，本书提出下列假设。

H2：创业意愿对创业学习有正向影响。

H2a：感知希求性对创业学习有正向影响。

H2b：感知可行性对创业学习有正向影响。

（二）创业学习对创业行为的影响

从创业学习过程发展的逻辑来看，创业者要想实现新企业的生存和发展必须掌握足够的知识来判断或感知创业机会，进而识别出能够创造新价值的产品或服务，对所掌握的资源进行整合，达到创建新企业的目标。Firkin（2001）从资源禀赋的视角阐释了创业者要想成为企业家必须具备足够的资本，如经济资本、社会资本和人力资本。而人力资本必然包含与创业相关的资本，具体如与特定产业相关的知识、技能和经验或先前的创业经验、创业背景等（Becker，1993）。而创业的整个过程就是创业者运用、积累和扩大其资源禀赋价值的过程（杨俊、张玉利，2004）。

从 Holcomb 等（2009）创建的创业学习模型中可以看出，要想实现创业行为这一结果，就必须掌握足够多的创业知识，而知识的来源分为两个方面：一个是经验学习，即通过积累直接经验来获取创业知识；另一个是模仿学习（也称为认知学习），即通过观察他人的行为和结果来积累知识。创业学习会影响直观推断，也会影响创业行为中的决策制定，从而影响创业行为的结果。这就要求创业者必须反复学习，并从以往的经历中不断汲取经验，形成相应的创业知识，而这部分知识的形成是一个循环往复的动态过程。Petkova（2009）也认为创业学习是一个循环往复的过程，即"学习—错误—学习"。学习到的知识可以用来处理创业过程中遇到的问题,来改变创业者之前的认知,提升创业行为的成功概率。学习的动态过程已经概念化为固有的创业过程(Cope, 2005; Harrison & Leitch, 2005)。从上述分析可以看出,创业者掌握资源的差异必然导致不同的创业行为结果,掌握资源更多的创业者更能感知创业机会,也更愿意承担风险,在创业中成功的概率更大;掌握资源匮乏的创业者由于掌握的信息、技能都偏少,对创业机会的识别、创业中遇到问题的解决能力偏弱,因此在创业中会遇到更多阻碍。而创业者要想掌握更多的资源(知识和技能)就必须不断地学习。因此创业学习及其维度(经验学习、认知学习)对创业者创业行为的完成具有重要的促进作用。因此本书提出如下假设。

H3:创业学习对创业行为有正向影响。

H3a:经验学习对创业行为有正向影响。

H3b:认知学习对创业行为有正向影响。

(三)创业学习的中介效应

创业学习的内容包含经验学习和认知学习。在创业初期或前期,有创业意愿的人必须先积累创业所需的知识,创业者通过对市场、对其他企业经营管理的认知的提升,通过总结自己之前创业过程的失败行为来完成经验学习。认知学习是创业者借助外部力量,通过学习他人的行为获取创业知识,或通过参加各种讨论会、阅读书籍和资料来完善自己的创业知识体系。Rae和Carswell(2001)认为创业学习的目的是将创业学习的知识运用到创业机会的识别与开发中,完成创业者对新企业的组建和运营。创业者在创建新企业的过程中会遇到一些问题,而这些问题的解决大部分是创业者通过创业学习完成的。新企业的创建者为了克服这些问题,进行创业学习是必然选择。而创业者的创业学习就成为决定创业行为能否顺利开展的重要影响因素。

具有创业意愿的人会朝着自己创建新企业的目标而努力,而创业者的创业学习为创业活动的开展提供了源源不断的新知识、新技能和新资源。新企业要想创建成功,就必须通过不断地创业学习来获取创业知识,同时,不同的创业学习方式也会影响创业知识的获取。因此，创业学习的结果加速了创业意愿转化为创业行为的过程，从而促进了新企业的形成。如果在这个过程中，创业者个人虽然有创业意愿，但没有很好地进行创业学习，也不能顺利完成新企业的创建和经营。综合以上分析，本书提出如下假设。

H4：创业学习在创业意愿与创业行为的关系间存在中介效应。

H4a：经验学习在创业意愿与创业行为的关系间存在中介效应。

H4b：认知学习在创业意愿与创业行为的关系间存在中介效应。

三 创业机会识别在创业意愿与创业行为关系间的中介效应

（一）创业意愿对创业机会识别的影响

Shook 等（2003）构建了一个创业意愿组织化模型（见图 3-2）。该模型整合了创业者心理、创业者特质和创业者认知的因素，并提出了组织化发展过程，即"创业意愿—机会搜寻与发现—新企业创建决策—机会开发"。在这个发展过程中，创业意愿会促使创业者进行创业机会的搜寻与发现。创业意愿的结果就是创业机会的识别（Eckhardt & Shane, 2003；Shook et al., 2003）。

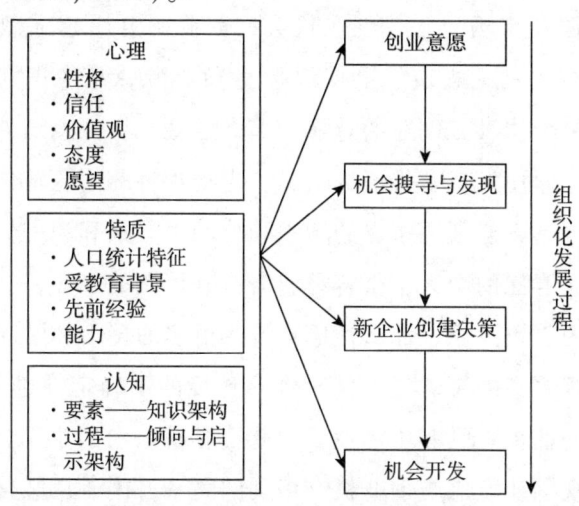

图 3-2 创业意愿组织化模型

资料来源：Shook 等（2003）。

Elfving（2008）构建了情境化创业意愿整合框架，如图3-3所示。其中，创业者自我效能感是创业意愿的前置变量，机会评价是创业意愿的结果变量，创业意愿通过机会评价实现新企业的创建。

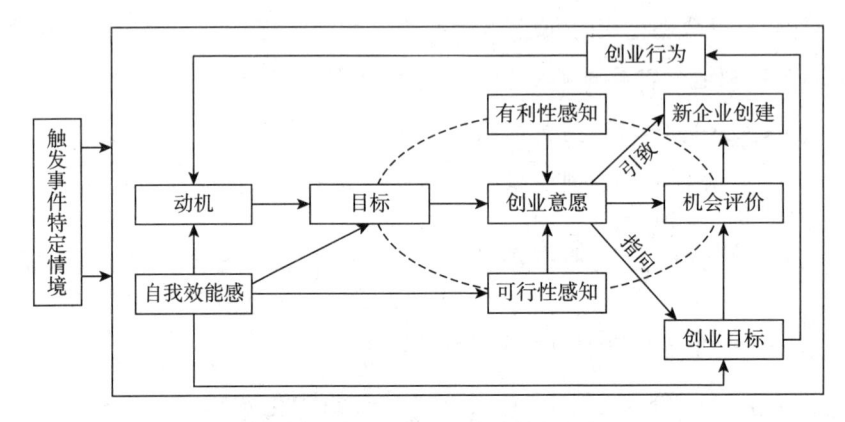

图3-3　情境化创业意愿整合框架

资料来源：Elfving（2008）。

创业意愿就是个体想要成为创业者的愿望，而成功创办新企业就是创业者的目标，创业者一旦有了创业的想法，就会为创业行为的开展做准备，首先要获取创业所需的知识、技能和其他资源，然后利用所掌握的资源在市场上寻找创业机会。创业的意愿越强烈，创业者个体就越会积极主动地去市场上搜寻信息和资源，从中识别出有用的创业机会。如果个体没有创业的意愿，那么他就不会注意到外部环境中有价值的信息，即使发现有价值的信息，也很难将此信息转化为可用的创业机会，他也不愿意利用掌握的知识和技能去寻找和识别创业机会，因此不具有创业意愿的个人，很容易忽略有利可图的创业机会。创业者如果拥有强烈的创业意愿，那么他愿意投入更多的精力和时间去寻找创业机会。他也有更高的警觉性，随时针对环境的不确定性进行深入思考，对有效信息的捕捉更具有主动性，因此更容易识别创业机会。学者们逐渐关注并重视创业意愿与创业机会识别的关系，创业意愿会使创业者自发地去搜寻有利信息，创业者就会接触更多的创业机会，识别与利用创业机会就变得可能，使得新企业在创业者识别创业机会的过程中逐渐被创立（Samuelsson & Davidsson，2009）。

从创业意愿的两个维度，即感知希求性和感知可行性来看，具有感知希求性创业意愿的创业者受到创业的吸引，会自觉地进行创业信息的收集和整合，来获取新知识、新技能和新信息，这些都会增加创业机会被识别的可能性。感知希求性可以激发创业者识别具有盈利性的创业机会的潜力。有创业意愿的人就会不断地去追寻具有盈利性的创业机会，盈利性越强对创业者的吸引力越大。具有感知可行性创业意愿的创业者会主动调研市场信息，掌握第一手资源，以方便捕获稍纵即逝的创业机会。拥有创业意愿的人，可以在拥有的先前经验和专业知识的帮助下，借助个人社会关系得到更多创业机会。创业者如果具有感知可行性的创业意愿，那么他成为一个创业者，创办一个新企业的可能性更大，他更愿意去搜寻创业机会。提高个体创业可行性的决定性因素有角色模型、创业伙伴、创业指导者等。从认知的角度讲，创业者如果注重实施某一行为的可能程度，在搜索创业机会时，他会更加偏重于可行性机会的识别。基于此，本书提出如下假设。

H5：创业意愿对创业机会识别有正向影响。

H5a：感知希求性对创业机会识别有正向影响。

H5b：感知可行性对创业机会识别有正向影响。

（二）创业机会识别对创业行为的影响

Bygrave 和 Minniti（2000）认为创业者就是能够识别创业机会，并最终组建新企业来开发创业机会的人。Shane 和 Venkataraman（2000）也提出，创业的过程就是发现机会、评估机会和利用机会的过程。可见，创业过程中必不可少的一个重要环节就是创业机会识别。众多学者在研究创业的过程中对创业机会识别进行了深入的研究。Shook 等（2003）构建了创业意愿组织化模型，即从创业意愿开始进行机会的搜寻与发现，之后决定创建新企业，最后开发创业机会。在整个创业活动过程中，创业机会的识别是重点，只有找到有用的创业机会才能进行新企业的创建，完成创业行为。

潜在的创业者利用掌握的知识、技能和经验，从复杂的信息中识别出创业机会，面对创业机会，有创业意愿的人都会投入新企业的创建中，进行创业机会的开发，将创业机会转化为企业财富创造的源泉。那些没有识别出创业机会的个人，进行新企业创建的可能性会很小。此外，Elfving（2008）构建了情境化创业意愿整合框架，认为创业意愿要通过机会评价完成新企业的创建。这说明机会评价（识别）会促进新企业的创建，而且在整个创业过程中，创业者都要持续不断地寻找和开发创业机会，这样新企业才能真正成长起来。

林嵩等（2005）在对创业机会识别进行研究后构建了创业机会识别的框架，如图3-4所示，这个框架的基础是Dutton和Jackson（1987）关于组织战略环境的研究，包含机会和潜在威胁。从林嵩等（2005）构建的框架中可以看出，创业机会有搜索、识别和开发三个环节，这个过程会促进新创企业成长。

从创业机会识别的维度，即机会盈利性和机会可行性来看，它们仍是创业行为开展的重要驱动力。机会盈利性意味着识别的机会对创业者具有强烈的吸引力，创业者更渴望通过盈利性的机会完成新企业的创建和财富的创造。这样强烈的驱动力很可能会诱发创业者去开展创业行为，进行创业机会开发。而机会可行性是创业者依据自身掌握的资源、信息和技能，对创业机会进行理性评估，若其认为机会的开发是可行的，那么机会的开发会变得更容易，这会增强创业者的信心。可见如果创业机会识别符合盈利性和可行性的特征，创业者就会进行下一步行

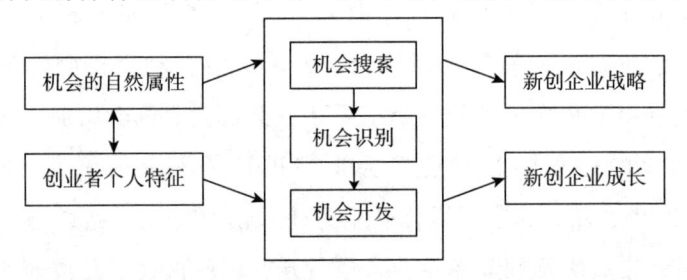

图3-4 创业机会识别：概念、过程、影响因素和分析框架
资料来源：林嵩等（2005）。

动，开发可行的机会，这就进入了创业行为的阶段。提高潜在创业者的机会盈利性和机会可行性，会促使创业行为的产生。由此，本书提出如下假设。

H6：创业机会识别对创业行为有正向影响。

H6a：机会盈利性对创业行为有正向影响。

H6b：机会可行性对创业行为有正向影响。

(三) 创业机会识别的中介效应

创业机会识别在创业过程当中所起到的重要作用一直是学术界关注的热点。创业者识别出有利可图的创业机会对于新企业的创办成功具有很好的促进作用。具有创业意愿的个人更可能开展创业行为，但不是一定会开展创业行为。创业者即使有创业意愿，若没有寻找到有利可图的创业机会，开展创业行为的可能性也会降低。一旦创业者识别出创业机会，他就会着手去开发创业机会，将创业机会转化为财富创造，就完成了创业行为。

Lumpkin和Dess（2001）构建的机会识别过程模型指出，只有识别出创业机会，企业才真正进入创办阶段。企业要想进入创办阶段就必须识别出可用的创业机会。有创业意愿的人只有识别出创业机会，才能进入新企业的创办阶段。

有创业意愿的人就会不断地去追寻具有盈利性的创业机会，盈利性越强对创业者的吸引力越大，他也越有可能将创业机会转化为创业行为。而如果创业者具有感知可行性的创业意愿，那么他会认为他能成为创业者或创办一个新企业的可能性更大，他将更愿意去搜寻创业机会。

同时，创业者识别创业机会的能力越强，对盈利性创业机会和可行性创业机会的识别能力也越强。盈利性的创业机会如果转化为创业行为，会给创业者带来巨大的财富，创业者就会具有更强烈的愿望去开发这个创业机会，完成新企业的创建，进行价值创造。而可行性的创业机会更容易去开发，承担的风险也更低。创业者创业的信心因此增强，创业行为的开展更可行。因此具有创业意愿的人会利用自己掌握的知识和信息进行分析、判断来识别创业机会，进而利用创业机会，完成新企业的创建。在上述分析的基础上，本书提出如下假设。

H7：创业机会识别在创业意愿与创业行为的关系间存在中介效应。

H7a：机会盈利性在创业意愿与创业行为的关系间存在中介效应。

H7b：机会可行性在创业意愿与创业行为的关系间存在中介效应。

四　创业学习与创业机会识别在创业意愿与创业行为的关系间具有链式二重中介效应

从上述分析可以看出，创业学习会作用于创业意愿对创业行为的影响关系，创业机会识别也会影响创业意愿对创业行为的促进作用，同时创业学习和创业机会识别不是孤立的，二者也是有联系的。Ardichvili 等（2003）对影响创业机会识别与开发的影响因素进行整合时，构建了创业机会识别与开发过程的理论模型，指出创业机会识别的影响因素主要有创业者个人特质、先前经验和社会网络，而先前经验的获得离不开创业学习。熊彼特（1934）指出，创业机会识别就是识别出新产品或服务、新的生产方法、开拓新市场、获得原材料的新来源或识别组织的新形态，而这一系列的活动都离不开创业学习，如果创业者不能掌握新的知识和技能，创业机会识别就会遇到很多阻碍。

此外，Krueger 等（2000）提出创业机会识别是一个认知的过程，而创业者的认知是基于其掌握的创业知识或创业信息的，这也要求创业者必须进行创业学习，创业学习会帮助创业者获取更多的创业知识和创业信息，扩展创业者关于创业领域的知识，使其在识别创业机会时更准确、更能把握时机。将 Corbett（2007）创业学习模型中的"创业学习—创业机会识别"的作用加入"创业意愿—创业行为"的理论模型，本书提出如下假设。

H8：创业学习对创业机会识别有正向影响。

H9：创业学习与创业机会识别在创业意愿与创业行为的间接影响路径中存在链式二重中介效应。

五 创业者特质的调节作用

(一) 创业者特质对创业意愿与创业行为之间关系的调节作用

Livesay (1982) 从创业机会的视角出发提出创业者的定义，认为创业者就是发现机会并组织资源来开发创业机会的人。Gartner (1985) 将个人、环境和组织结合起来描述创业过程，如图 3-5 所示。这个过程包含创建新企业所涉及的四个维度。Gartner 为每一个维度设计了一些变量，其中描述个人维度的变量有背景、经验和态度以及三个心理学变量——成就需要、内控制源和风险承担性。也就是说成就需要、内控制源和风险承担性对创业过程具有影响。Timmons 等 (1985) 也指出，成功的创业者之所以在创业过程中取得成功，是因为他们具有共同的心理特质，表现在责任、决心和胜出动机等方面。另外，三元交互理论认为环境因素、个体认知或个人因素，以及行为因素三者之间是会交互影响的，也就是说个体认知或个人因素等个人特征都会影响行为的发生，三元交互理论与创业理论相结合就表现为创业者所具备的特质会影响创业行为的发生。

Allport (1966) 认为人们的核心成分特质会决定行为的稳定性，而核心成分特质主要包含成就需要、风险承担性、内控制源和模糊容忍度。成就需要表明个人对成为创业者或企业家具有较强的欲望和倾向。风险承担性表明创业者较其他人有更强的承担风险的意愿。内控制源表明创业者对创业成功与否的责任归属问题具有较强的信念倾向。模糊容忍度是指创业者对于不确定的创业情境能够积极对待。因此，创业者拥

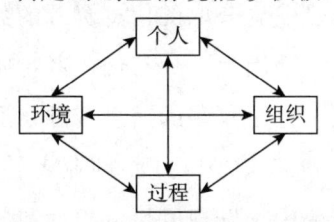

图 3-5 Gartner 的创业过程模型

资料来源：Gartner (1985)。

有与其他人不同的特质，这些特质对创业行为的开展起到重要的促进作用。综上所述，本书提出如下假设。

H10：创业者特质正向调节创业意愿与创业行为间的关系。

(二) 创业者特质对创业意愿与创业机会识别之间的关系起正向调节作用

人格特质的研究属于心理学研究领域，创业研究的初期就受到很多学者的关注，并将人格特质的研究纳入管理学研究范畴，在创业研究中探讨人作为创业的主体对创业活动的影响，逐渐形成创业者特质的研究。将创业者特质研究引入创业机会识别研究，就产生了创业机会识别最基本的问题，那就是，为什么有些人能够识别创业机会，而其他人却不能够识别出来？人们不得不探究创业者的哪些特质会影响创业机会识别，以及创业者特质在创业机会识别中起到什么作用。

人们发现能够识别创业机会的创业者具有独特的心理特质，包括成就需要、风险承担性、自我效能感、内控制源、模糊容忍度。这些心理特质决定了创业者在机会识别方面会优于其他人。拥有这些特质的创业者对不确定性往往能做出积极的反应，他们更愿意承担风险，更能控制自己的行为，能够在模糊的、不确定的环境中识别出对创业有利的信息和机会，而其他人因为缺乏上述创业者特质，尽管具有创业意愿，但在识别创业机会的过程中会表现得比较消极，不敢承担风险，不能控制自己的行为，遇到困难就会停滞不前，面对模糊的、不确定的环境时更是变得迟疑不决，所以他们很难识别出对创业行为有利的创业机会。

创业机会识别的过程就是处理信息的过程（陈浩义，2008），而信息处理的过程需要考虑创业者获取的信息资源的数量、个体的信息加工能力、创业者特质这三方面因素。具有创业者特质的个体，如果信息的加工能力较强，同时又掌握了较多的信息资源，那么他会较容易寻找到创业机会。仲伟伫和芦春荣（2014）将创业者特质加入环境动态性与创业机会识别的关系研究中，发现风险承担性和成就需要对创业机会识别具有显著的积极影响。

由此可见，创业者特质会促进创业机会识别，对于有创业意愿的人来讲更容易识别出创业机会。而那些缺乏创业者特质的个人，即使具有创业意愿，在创业的过程中，尤其是在识别创业机会的过程中也会困难重重。因此，本书提出如下假设。

H11：创业者特质正向调节创业意愿与创业机会识别间的关系。

六 环境不确定性的调节作用

创业环境是不受企业家控制的（Austin & Skillern，2006），但会对企业创办的成功或失败产生重要影响，而且创业环境是造成不同国家创业活动差异的最重要的影响因素。环境最主要的特征是不确定性。Sh 和 Bhide（2000）指出创业环境的不确定性可能来自外部环境，如市场的变化，但也可能来自新创企业的内部，而外部环境的不确定性通常会给创业者带来创业机会。创业者只有在不确定的环境中才能激发自己寻求创业机会的斗志。

Zahra（1996）在对新创企业的研究中发现，新创企业在不利的环境条件下能充分激发企业家精神，环境不确定性与产品创新显著相关。随着全球化的持续推进，企业的生存和发展环境面临越来越高的不确定性。创业者对环境的感知对其制定决策起着重要作用（Child，1972）。创业者的决策受到诸多环境不确定性因素的影响，具有创业意愿的个人发现创业机会的不确定性，以及创业过程中可能发生的不确定性都会影响创业行为的发生。

McMullen 和 Shepherd（2006）认为环境不确定性是激发创业行为的关键因素，面对不确定性时，创业者做出积极的反应，会促进创业行为的发生，因此具有创业意愿的个体在进行创业行为的过程中、已经识别出创业机会的创业者在开发创业行为的过程中，以及持续不断进行创业学习的创业者在开展创业行为的过程中面对不确定性时，都会将不确定性当作机会因素来看待，因此不确定性被认为会给创业者带来新的机会，增加创业成功的可能性，而且环境不确定性越高，创业者得到的信息就会越多，越能促进创业者创业行为的发生。基于此，本书提出如下假设。

H12：环境不确定性正向调节创业意愿与创业行为间的关系。

在环境感知不确定性较高的情境下，具有创业意愿的人难以感知环境的变化，很难从复杂的环境中寻找创业的信息。由于自身掌握的信息、知识等匮乏，创业者对市场的感知就会很弱，应对市场变化的能力也较弱，而创业者要想在这种不确定性中胜出，就必然要进行创业学习，利用学习到的知识和掌握的信息来识别不确定性中存在的创业机会。

具有创业意愿的人为了创业活动的顺利开展会进行创业学习，但是当创业者处于高度不确定的环境中，对创业信息的感知较弱时，为了完成创业的目标，他们必然产生学习的热情，因此在环境不确定性较高的背景下，创业者更愿意进行创业学习。因此，本书提出如下假设。

H13：环境不确定性正向调节创业意愿与创业学习间的关系。

对于创业者而言，环境不确定性就是对环境的不可预知性（Miles & Snow，1978），而不可预知才是创业者创业机会的来源，才会给企业带来效益。Timmons（1999）指出，环境不确定性较高时，信息的缺口会出现，创业机会也会大量涌现。因此，信息不对称性是创业者识别出创业机会的关键（Shane，2003）。Duncan（1972）指出环境的不确定性将会导致创业机会的产生。创业者可以从不确定的环境中识别出不同的创业信息，这些信息中就含有创业机会。具有创业意愿的人为开展创业活动，要先进行创业机会的识别，而处于较高的环境不确定性的情境中，创业者寻求创业机会的潜能被激发出来，使他们更愿意去进行创业机会识别。因此，本书提出如下假设。

H14：环境不确定性正向调节创业意愿与创业机会识别间的关系。

Gartner（1985）认为个人（创业者）、创业环境、组织和创业过程相互交织、相互影响，这里的创业环境包含政治、经济、教育、自然、人文等环境，这些环境影响着创业者的创业行为。Gartner 等（1999）提出五类创业活动，即发现机会、获取资源和帮助、运营、确定客户和销售渠道、"生意之外"的事宜，可以描述创业行为，而这五类创业活动正是创业者与外部环境交流的渠道，它们都受到外部环境不确定性的影响，因此，创业行为也不能离开外部环境而单独存在。只有创业者认为自己能够正确把握创业环境的不确定性或感知它的变化，他才更可能开展创业行为。

创业者通过持续地创业学习，一定会掌握更多的创业知识和技能，在面对不确定的环境时，会更自信，也更愿意在不确定的环境中进行机会识别，因此，他会更主动地进行创业行为的开展。相同的情况，如果创业者已经识别出有利可图的创业机会，并期望能够从不确定的环境中识别出更多有利的信息，那么他更希望快速进行新企业的建设，实现创业机会的开发。因此，本书提出如下假设。

H15：环境不确定性正向调节创业学习与创业行为间的关系。

H16：环境不确定性正向调节创业机会识别与创业行为间的关系。

总结本章所提的各种研究假设，如表3-1所示。

表3-1 本书的研究假设

序号	编号	研究假设
1	H1	创业意愿对创业行为有正向影响
2	H1a	感知希求性对创业行为有正向影响
3	H1b	感知可行性对创业行为有正向影响
4	H2	创业意愿对创业学习有正向影响
5	H2a	感知希求性对创业学习有正向影响
6	H2b	感知可行性对创业学习有正向影响
7	H3	创业学习对创业行为有正向影响
8	H3a	经验学习对创业行为有正向影响
9	H3b	认知学习对创业行为有正向影响
10	H4	创业学习在创业意愿与创业行为的关系间存在中介效应
11	H4a	经验学习在创业意愿与创业行为的关系间存在中介效应
12	H4b	认知学习在创业意愿与创业行为的关系间存在中介效应
13	H5	创业意愿对创业机会识别有正向影响
14	H5a	感知希求性对创业机会识别有正向影响

续表

序号	编号	研究假设
15	H5b	感知可行性对创业机会识别有正向影响
16	H6	创业机会识别对创业行为有正向影响
17	H6a	机会盈利性对创业行为有正向影响
18	H6b	机会可行性对创业行为有正向影响
19	H7	创业机会识别在创业意愿与创业行为的关系间存在中介效应
20	H7a	机会盈利性在创业意愿与创业行为的关系间存在中介效应
21	H7b	机会可行性在创业意愿与创业行为的关系间存在中介效应
22	H8	创业学习对创业机会识别有正向影响
23	H9	创业学习与创业机会识别在创业意愿与创业行为的间接影响路径中存在链式二重中介效应
24	H10	创业者特质正向调节创业意愿与创业行为间的关系
25	H11	创业者特质正向调节创业意愿与创业机会识别间的关系
26	H12	环境不确定性正向调节创业意愿与创业行为间的关系
27	H13	环境不确定性正向调节创业意愿与创业学习间的关系
28	H14	环境不确定性正向调节创业意愿与创业机会识别间的关系
29	H15	环境不确定性正向调节创业学习与创业行为间的关系
30	H16	环境不确定性正向调节创业机会识别与创业行为间的关系

第四章

创业意愿与创业行为转化机制的研究设计

本书在第三章建立了研究的理论框架模型,提出了创业意愿对创业行为的作用机制,包含创业学习和创业机会识别两个中介变量、创业者特质和环境不确定性两个调节变量。接下来本章要对理论框架模型的假设进行实证检验。具体的研究过程包含访谈调研、调查问卷设计(包含测量变量题项的设计)、使用预调研数据进行问卷测试等。

第一节 创业意愿与创业行为关系访谈调研

在社会学和管理学等领域的定性研究中访谈法被广泛应用,是很重要的一种调研方法。在研究中,我们常常使用深度访谈模式。深度访谈是面对面的交流方式,调查者选取与调研内容相关的受访者,按照理论框架模型,制定详细的访谈提纲。调查者围绕访谈的目的准备一系列问题与受访者进行交流,交流的过程中,要使受访者处于一种轻松的氛围之中,受访者可以自由发表意见,交流的方式也要非常灵活,以消除受访者的紧张和戒备心理,提高受访者回答问题的积极性,使深度访谈充分反映受访者内心的真实感受。

一 访谈对象

为了更好地理解变量之间的关系,要对变量进行更准确的测量。本次调研分别选取的是3名有创业想法的大学生、3名有创业想法的农民工和 6 名创业成功的创业者。12 名访谈对象的具体信息如表 4-1 所示。

表 4-1 访谈对象信息

受访者序号	性别	年龄	学历	所在地
A1	女	22	本科	长春市
A2	男	25	研究生	上海市
A3	女	24	本科	泰安市
B1	男	28	初中	天津市
B2	女	32	高中	杭州市
B3	男	26	高中	石家庄市
C1	女	35	本科	广州市
C2	男	27	本科	沈阳市
C3	男	29	研究生	南昌市
C4	男	31	高中	北京市
C5	女	30	本科	兰州市
C6	男	25	本科	承德市

资料来源：笔者根据访谈调研整理而成。

二 访谈目的

进行深度访谈是想获得大量的第一手资料，深入了解创业者的想法，对研究问题进行调研，从实践中获取信息来帮助我们更深入地理解变量之间的关系。此外，受访者还要对调查问卷各变量题项的合理性进行完善。因此访谈的目的有如下两方面。

第一，初步检验创业意愿对创业行为的影响机制。创业意愿对创业行为的影响机制只是我们理论推导出来的，还没有经过实践的检验。为了初步评估理论框架模型的合理性，我们与 12 名受访者进行深度访谈，在访谈中探寻他们对变量，以及变量之间关系的理解，将这些变量与实践相结合，以此来验证理论框架模型。同时收集和整理他们对理论框架模型的意见和建议，将之作为后续研究的实践基础。

第二，按照受访者的建议修订调查问卷的题项。初始的调查问卷是根据国内外已有的量表并结合本研究设计的，样本的可操作性程度需要进一步验证。在访谈中需要受访者根据量表测量的信息，对量表的结构、题项的描述和语言的表达提出意见和建议来完善调查问卷的设计。

三 访谈结果

经过对受访者的深度访谈，基本实现了上述访谈的目的，为本研究的开展提供了非常有价值的信息，具体贡献如下。

第一，经过对受访者的深度访谈，初步验证了理论框架模型的合理性。受访者一致认为，创业意愿会影响创业行为，但是有创业意愿的人并不一定会开展创业行为，具体受到一些因素的影响，如创业机会识别和创业学习都会对创业者创业产生非常重要的作用。他们表示，仅仅拥有创业的想法是远远不够的，要想进行创业必须拥有可以创业的机会，其中对于创业机会的识别是至关重要的，同时要有足够的创业知识，并在创业中不断地学习，最终才能在创业行为中脱颖而出。

比如从事计算机服务业的创业者 C6 表示，刚刚想创业时苦于没有合适的创业机会，他便多次进行实地调研，又请自己的亲友进行评估，最终选择了适合的创业项目，并通过亲友筹集资金，联系和收集顾客信息，成功地进行了创业。创业者 C2 表示，在有较强的创业意愿时，找到了几个较好的创业机会，但在真正开展创业行为时遇到了一些问题，比如有几个创业机会，但不能够识别出哪一个创业机会最好，除了创业机会的问题，还会涉及资金问题、政策问题、员工问题等，这些都是在亲友的帮助下完成的，最后成功创业。

对于创业机会识别，受访者 C4 表示机会的寻找、发现以及甄别是创业过程中非常重要的环节，这些都需要实践经验的积累和专业的判断，也就是说创业学习对于创业行为来讲也具有重要作用。另外，创业者个性特质也会影响创业行为的开展，受访者 A2 虽然有创业的想法，但又受限于不爱冒险的性格，因此，他近期不会开展创业，直到掌握更多资源。而受访者 C6 指出其创业需要高新技术支持，2015 年对技术进行了升级，而科技发展日新月异，同行业的竞争对手也都不断地进行技术升级和改造，因此受到行业的影响较大，更应该关注环境的变化。

第二，经过对受访者的深度访谈，修正了测量量表。受访者对调查问卷进行了填写，对其中语义表述模糊的题项提出了修改建议，将机会盈利性维度中OP1由原来的"市场容易识别，可以带来持续收入"修改为"我发现的机会能够带来较高收益"；将机会可行性维度中OF1由原来的"我发现的机会可操作性很强"修改为"我发现的机会具有独特性，不易被模仿"；将认知学习维度中CL4由原来的"我们都认为观测他人的行为（包括失败行为）是获取信息的重要来源"修改为"经常阅读相关书籍和文献或经常参与各种正式或非正式的讨论会以获取有价值的创业信息"。

第二节　创业意愿与创业行为关系调查问卷设计

在心理学和管理学领域将理论研究中的变量进行定量研究时，通常会使用问卷调查法，利用设计好的问卷收集所需要的数据，进行实证检验。调查问卷一般是采用匿名的方式填写，这样更能反映问卷填写者的真实内心，因此会收到更多、更有效的信息。调查问卷的设计要方便信息提供者填写，语言简明，不模糊、不晦涩。

一　调查问卷的对象

本书的研究主题是创业意愿对创业行为的影响机制，调查对象的选取不拘泥于某一个群体，而是更广泛。凡是那些有创业想法的、对创业问题关心的创业者，都可以填写问卷，以了解他们对于创业意愿、创业行为的看法，为本研究提供数据。

二　调查问卷设计过程

本研究的调查问卷设计过程主要包含以下几个方面。
（1）调查问卷初稿的设计。在确定了本研究涉及的多个变量之后，通过大量查阅文献，查找本研究变量的测量量表，选取信度较好的成熟量表，作为本次调查问卷的研究题项，完成调查问卷初稿的设计。根据本研究的特点，尽量将题项设计得更为通俗、简洁，来适应不同创业者的文化水平。本研究需要测量的变量包括创业行为、创业意愿、创业学习、创业机会识别、创业者特质和环境不确定性。

（2）对调查问卷初稿的修订。调查问卷初稿设计完成之后，要征求导师、同学和其他学者的意见。对调查问卷初稿的结构设计和题项设计中不尽合理的方面进行改正，务必做到调查问卷的结构设计科学、题项设计合理、语言表述清晰易懂。

（3）调查问卷的预调研。为了防止正式调研出现问题，要先进行小范围的预调研，对存在的问题进行修正，来完成最终的调查问卷设计。本次的预调研对象为吉林财经大学的本科生和部分研究生以及一些有创业想法的朋友。他们对问卷存在的问题和建议进行反馈，在采纳了他们的建议后，完成了调查问卷的终稿。

三 调查问卷的结构

按照调查问卷设计的原则，调查问卷的内容包含三部分，分别是封面信和指导语、创业者个人的基本信息、测量变量的题项。调查问卷的第一部分是封面信和指导语，封面信主要介绍调查问卷的目的和内容，受访者通过封面信了解调查者的身份，来消除紧张和戒备心理，使调查问卷的填写反映受访者足够真实的内心；指导语中标明填写问卷需要注意的事项。第二部分需要受访者填写个人的基本信息。第三部分是测量变量的题项，是整个调查问卷最重要的部分，包含创业行为、创业意愿、创业学习、创业机会识别、创业者特质和环境不确定性六个变量的题项，通过题项对变量进行度量。

第三节 调研数据收集

数据的收集一般有两个途径。第一个途径是使用一个特定的网站

（问卷网、问卷星等）来收集数据。调查问卷的链接可以发给很多人，具有创业意愿或对创业信息关心的人会参与这项调查。第二个途径是通过发放纸质的调查问卷来收集数据。数据的收集使用了"滚雪球"的技术，"滚雪球"已被证明是一个很有用的数据收集方法。对一些我们接触不到的样本，它们与研究非常相关，但很难获得，因此对于初始创业者的研究使用"滚雪球"的技巧是特别有效的。家人、亲戚和朋友被选中作为最初的"滚雪球"技术的接触者，这些人处于不同工作岗位、不同地区，具有不同的背景和社会地位，在这种情况下，他们能帮助我们收集一些我们接触不到的样本，这些样本可能正是我们的研究对象。

本研究将这两个途径融合，在问卷星网站上设计好调查问卷，然后将链接发送给亲戚、朋友、同学和学生，让他们再转发链接，将"滚雪球"的技术应用到网络上，让更多有创业想法的人接触到调查问卷，让更多人参与到问卷的填写中。大多数创业意愿或创业行为研究以大学生为对象，考虑到年龄、教育、创业地点和社会背景等因素，本次调研试图包含更广泛的对象，来探寻不同群体的创业状况。

第四节　影响创业意愿与创业行为关系变量的测量

在理论分析之后，要进行实证研究来验证理论分析所提出的假设是否得到数据支持。而如何将理论分析中的变量用数据来反映，这个是实证研究中最关键的步骤，通常学者们会选择适合的测量方法，将变量转化为数据。而不同的变量转化为数据的方式不同，有的变量适合用单题项测量，如性别；有的变量适合用单维度测量，如创业行为；而有些变量更适合用多维度来衡量，如创业意愿。无论是单题项测量还是多维度测量，如何让这些测量更真实地反映所测量的变量一直是学术界在探讨的问题。目前所使用的方法就是量表的信度和效度的检测，因此，本书对所使用的量表都进行了检测。本书涉及的变量有创业行为、创业意愿、创业学习、创业机会识别、创业者特质和环境不确定性，这些变量都要进行数据的测量。为了提高测量的稳定性和准确度，本书的测量量表都选取国内外较成熟的量表。测量数值选用李克特（Likert）5点计分法。完全不符合等于数值1，基本不符合等于数值2，一般符合等于数值3，比较符合等于数值4，完全符合等于数值5。通过对变量进行描述并打分，将概念型的变量顺利转化为数值型的变量。

一　创业行为的测量

关于创业行为的测量问题，一直是学术界的一个难题，这项工作非常有挑战性，但也是在创业研究过程中需要解决的一个重要课题。

新企业的成立并不是瞬时完成的，一个企业成立之前都会有一个可观察的孕育期，在孕育期，初始创业者都忙于很多行动，这些行动都会直接推动企业的形成。Reynolds等（1994）把孕育期这一构念看作一个转折点：一个人开始意识到决定去开办一个企业。孕育期有两种方式结束：初始创业者创建了一个"新生"企业或初始创业者放弃了创建企业。

初始创业行为即从事于特定的、能推动企业创建的活动，这些活动包括寻找设施和机器设备、撰写企业计划书、寻找投资、组织创业团队等（Carter et al., 2003）。本书选取初始创业行为衡量创业者创办新企业的行为，如表4-2所示，具体包括以下方面。

（1）为开始全职的事业，已经申请税务识别号码。

（2）正在开发一个产品或服务的过程中。

（3）正在组建一个创业团队。

（4）正在寻找一个企业的办公场所和所需的设备。

（5）正在撰写企业计划书。

（6）已经开始为投资企业攒钱。

表4-2 创业行为的测量题项

变量	编码	题项	学者
创业行为	EB1	为开始全职的事业，已经申请税务识别号码	Sequeira 等（2007）
	EB2	正在开发一个产品或服务的过程中	
	EB3	正在组建一个创业团队	
	EB4	正在寻找一个企业的办公场所和所需的设备	
	EB5	正在撰写企业计划书	
	EB6	已经开始为投资企业攒钱	

资料来源：笔者根据相关文献整理而成。

二 创业意愿的测量

对创业意愿这个变量的测量，学术界提出了不同的观点。

本书参考范巍和王重鸣（2006）、Grundstén（2004）对创业意愿维度的划分，分为感知希求性和感知可行性，也称为察觉到的希求性和察觉到的可行性。

Krueger 和 Brazeal（1994）认为感知希求性包含社会规范和态度，感知可行性包含自我效能。Krueger 等（2000）又提出了修正的模型，认为感知可行性包含察觉到的自我效能和察觉到的集体功效。Grundstén（2004）认为感知希求性包含社会认同、角色示范和社会规范。

本书将参考 Grundstén（2004）的感知希求性和感知可行性问卷，设计创业意愿的测量题项，如表4-3所示，共7个题项。

表4-3 创业意愿的测量题项

维度	编码	题项	学者
感知希求性	PD1	对我来说，开办自己的企业很有吸引力	Grundstén（2004）
	PD2	我很想开办一个自己的企业	
	PD3	我想开办自己企业的意愿很强烈	
	PD4	我会很有热情地投入开办一个自己企业的事务中	
感知可行性	PF1	我认为自己开办企业的可行性很高	
	PF2	我觉得自己开办企业会十分困难	
	PF3	我已经做好了开办一个自己企业的准备	

资料来源：笔者根据相关文献整理而成。

三 创业学习的测量

对创业学习的测量很多学者提出了不同的测量方法。具体有经验学习（Kolb，1984）、认知学习（Bandura，1986）、隐含学习（Watkins et al.，2018）以及经验学习和认知学习（Weick，1995），除此之外，还有探索性学习和应用性学习（Holcomb et al.，2009）。本书按照创业学习的方式，将之分为经验学习（Experiential Learning，EL）和认知学习（Cognitive Learning，CL）。借鉴 Politis（2005）、Lumpkin 和 Lichtenstein（2005）、单标安（2013）对创业学习方式的阐释和测量方法，经过预调研修改创业者不容易理解的题项后得到了创业学习的调查问卷，形成了创业学习的测量题项（见表4-4）。该量表包含经验学习和认知学习两个维度，共8个题项。

表4-4 创业学习的测量题项

维度	编码	题项	学者
经验学习	EL1	我在创业过程中注重积累各种经验	Politis（2005）；Lumpkin 和 Lichtenstein（2005）；单标安（2013）
	EL2	积累和利用经验对于我创业的帮助很大	
	EL3	我不断反思先前的失败行为	
	EL4	我经常总结已发生的创业行为	
认知学习	CL1	我和团队都认为自身的经验是有限的，需要借助外部力量	
	CL2	在创业过程中我经常反思或借鉴他人的行为，这种学习对自己的帮助很大	
	CL3	我非常关注同行业中的"标杆"企业的行为	
	CL4	经常阅读相关书籍和文献或经常参与各种正式或非正式的讨论会以获取有价值的创业信息	

资料来源：笔者根据相关文献整理而成。

四 创业机会识别的测量

对创业机会识别这个变量的测量，学者们的看法并不一致。测量方式的主要分类有：自发识别机会、网络获得机会、非正式获得机会

(Hills et al., 1997);主动搜索、被动搜索、偶然发现（Chandler, 2002）；警觉性识别、发展性识别（Ucbasaran et al., 2009）；机会识别的知觉能力、机会识别的警觉性（Ozgen, 2003）；等等。此外，Timmons 等（1994）在"Timmons 机会评价量表"里面阐述了 8 个类别的创业机会，共包含 53 个题项，这个量表是测量创业机会识别量表中最全面的。苗青（2006）对"Timmons 机会评价量表"进行修订，提出机会盈利性和机会可行性两个维度以及持续性、新颖奇特性、潜在经济性、可取性、实践性和独立性六个特征维度。考虑到研究对象的特点和创业活动的过程，本书采用机会盈利性和机会可行性作为创业机会识别的测量维度，结合 Timmons 等（1994）的创业机会评价标准、苗青（2006）的六因素模型以及方琦璐（2013）提出的维度特征，形成创业机会识别的测量题项（见表 4-5），共 6 个题项，代表两个维度。

表 4-5 创业机会识别的测量题项

维度	编码	题项	学者
机会可行性	OF1	我发现的机会具有独特性，不易被模仿	Timmons 等（1994）；苗青（2006）；方琦璐（2013）
	OF2	我发现的机会符合个人和社会价值	
	OF3	我发现的机会还未正式出现或普及	
机会盈利性	OP1	我发现的机会能够带来较高收益	
	OP2	拥有低成本的供货商，具有成本优势	
	OP3	我发现的机会能够获得销售渠道，持续产生利润，或已经拥有现成的网络	

资料来源：笔者根据相关文献整理而成。

五 创业者特质的测量

J. A. Carland 和 J. W. Carland（1996）采用实证研究方法得出具有创业意愿的人要具备创新性、成就需要和风险承担性三个特征，并提出创业者具有区别于管理者的特征。国外学者总结的创业者特质主要有独立性、创造性、内控制源、成就需要、积极性、模糊容忍度和风险承担性（McClelland & Winter, 1971; Begley & Boyd, 1987）。这些创业者特质中出现频率最高的特征有成就需要、风险承担性、内控制源和模糊容忍度（Bonnett & Furnham，1991；Bruyat & Julien，2000；Garter et al.，2003）。本书借鉴 Garter 等（2003）、Bonnett 和 Furnham（1991）等学者对相关量表的研究，并结合本书的研究内容和研究对象的需要，形成创业者特质的测量题项，如表4-6所示。

表4-6 创业者特质的测量题项

变量	编码	题项	学者
创业者特质	ET1	与低风险、低回报的机会相比，我更愿意选择高风险、高回报的创业机会	Garter 等（2003）；Bonnett 和 Furnham（1991）
	ET2	我渴望承担具有挑战性的工作	
	ET3	创业的成功与否主要取决于自己	
	ET4	当存在不确定性决策时，我会积极对待，朝好的方面去想	

资料来源：笔者根据相关文献整理而成。

六 环境不确定性的测量

对于环境不确定性的测量，国外学者采用了多种测量方式，如一般不确定性、特定产业不确定性和特定组织不确定性（Miller，1992）；复杂性和动态性（Duncan，1972）；复杂性、差异性和不可流动性（Child，1972）；复杂性、敌对性、稳定性和市场差异性（Mintzberg，1983）；复杂性、宽松性和动态性（Dess & Beard，1984）；复杂性、敌对性和动态性（Zahra，1985）；稳定性和动态性（Thompson，2009）；异质性、动态性和敌对性（Miller & Friesen，1983）。本研究采用的是复杂性、动态性和敌对性三维度测量方法，这种测量环境不确定性的方式是比较有代表性的，是学术界比较认可的。本书借鉴 Miller 和 Friesen（1983）、Dess 和 Beard（1984）等学者对相关量表的研究，并结合本书的研究内容和研究对象的需要，形成环境不确定性的测量题项，如表4-7所示。

表 4-7　环境不确定性的测量题项

变量	编码	题项	学者
环境不确定性	E1	企业的内部经营运作在很大程度上受到政府、社会公众、媒体及所在社区等的影响或干预	Miller 和 Friesen (1983); Dess 和 Beard (1984)
	E2	企业所在行业中，技术变化的速度很快	
	E3	本行业的竞争强度越来越激烈	
	E4	顾客对产品和服务的要求越来越高	

资料来源：笔者根据相关文献整理而成。

七　控制变量的测量

本研究选取能够影响创业意愿和创业行为的变量作为控制变量，力求提升数据实证分析的准确性，因此控制变量的选取尽量涵盖广泛，包括受访者的性别、年龄、学历、专业背景、所属区域及家庭成员或身边朋友有无创业经历。对创业者年龄分布的设置考虑到青年和中年是创业活动的主力军，因此青年和中年的年龄分布较细，为"25 岁及以下"、"26~30 岁"、"31~35 岁"、"36~40 岁"和"41~45 岁"，老年人创业的较少，因此设置为"46 岁及以上"；对受访者的学历分布设置为"高中及以下"、"大专"、"本科"和"研究生"；受访者的专业背景设置了"理工类"、"经济管理类"、"文史类"和"其他类"四个选项；创业所在地按照经济区域设置了"东北地区"、"东部地区"、"中部地区"和"西部地区"四个题项。

第五节　调查问卷调研数据的分析方法

理论研究需要运用数据进行实证检验，本书使用 SPSS 19.0 统计分析软件对调查问卷收集的数据进行实证检验。通常要对调研数据进行描述性统计分析、对量表的信度和效度进行测量分析、对假设检验进行回归分析等，具体分析方法如下。

一 描述性统计分析

利用数据对假设进行验证前,要对数据的基本情况进行了解,这就需要进行描述性统计(Descriptive Statistics)分析。通过对样本数据的均值、标准差、方差、偏度和峰度的测量,掌握样本的基本特征和分布状况。对数据的描述性统计分析能够增强对后续假设检验的理解,提升数据的解释力度。

二 信度分析

信度(Reliability)分析可以测量调查数据的可靠性,反映量表能否可靠地测量变量。目前对量表的信度进行测量的方法最广泛使用的是信度系数,它可以测定数据的内部一致性,信度系数使用 Cronbach's Alpha 值来表示(Uma Sekaran,2005)。目前实证研究中,普遍认为信度系数(Cronbach's Alpha 值)应在 0.7 以上(Nunnally,1978),量表的信度才可以接受,也有学者认为信度系数在 0.65~0.70 也可以接受(DeVellis,1991)。本书将信度系数的临界值定为 0.7,只有信度系数大于 0.7 的量表才能通过检验。

三 效度分析

效度(Validity)分析可以测量问卷数据的有效性,即问卷的数据是否能够准确地反映所测量的变量。对量表的效度检测要使用内容效度分析、建构效度分析、收敛效度分析和判别效度分析。内容效度分析是通过调查问卷中变量的题项来反映,题项要充分说明变量,一般通过深度访谈或专家的讨论得到认可。建构效度分析测量的是问卷的题项能够解释变量的程度。建构效度分析采用变量或维度的 KMO 值和最小因子载荷来测量,KMO 值应该大于 0.7,且最小因子载荷要大于 0.7。收敛效度分析的测量采用 CR(组合信度)和 AVE(平均方差抽取量)来评估,CR 是用标准化因子载荷求出的,CR 应该大于 0.7,AVE 应该大于 0.5。判别效度分析将 AVE 的平方根与各变量或维度间的相关系数进行比较，如果各变量或维度间的相关系数小于 AVE 的平方根，表明量表具有良好的判别效度。

四 相关性分析

数据分析过程中需要检测变量之间的相关性，在测量量表的判别效度时需要对各变量或维度间进行相关性分析，在对变量进行回归分析之前也要进行相关性分析，没有相关性或相关性较弱的变量就不需要进行回归分析。相关性分析的结果用 Pearson 相关系数来表示，Pearson 相关系数的计算公式为：

$$r = \frac{\sum(X-\bar{X})(Y-\bar{Y})}{\sqrt{\sum(X-\bar{X})^2(Y-\bar{Y})^2}}$$

其中，$-1 \leqslant r \leqslant 1$，$r$ 的绝对值越接近 1，变量间的相关性越强；相反，绝对值越接近 0，变量间的相关性越弱。

五 回归分析

回归分析（Regression Analysis）是对数据进行统计处理，来确定因变量对自变量的依赖关系，这种依赖关系是一种定量的关系，可以建立回归方程。当有多个自变量时，回归分析就称为多元回归分析。为了验证回归模型是否能够反映自变量与因变量之间的因果关系，要进行显著性测试，通常的做法是使用 t 检验和 F 检验。t 检验检测自变量对因变量的回归系数是否具有显著性，显著性水平通常选为 $p < 0.05$。F 检验检测回归模型的拟合度，F 值越大，回归模型的拟合度越高。

六 Bootstrap 分析

测量链式二重中介效应时，需要采用 SPSS 中偏差校正非参数百分位的 Bootstrap 法进行链式二重中介效应分析，在重复抽样 5000 次的情况下，计算 95% 的置信区间。采用 SPSS 19.0 的 process 程序进行分析。

第六节 预调研量表的信度和效度分析

为了保证调查问卷的题项能够准确地反映所测量的变量，本书在正式调研之前进行了预调研，对预调研的受访者进行咨询，查找调查问卷存在的问题和不足，同时对预调研的数据进行统计分析，验证量表的信度和效度，只有量表具有较好的信度和效度才能正式发放调查问卷。本次预调研共回收问卷92份。对预调研数据进行筛选，没有发现答案分布很规律的问卷，最终有效问卷为92份。本书的预调研对象包括有创业意愿或已经创业成功的创业者，也包括个体职业者、在校的大学生。

本书对预调研数据的可靠性分析采用信度分析，有效性分析采用因子分析。信度的测量使用 Cronbach's Alpha 值和校正的项总计相关性（CITC）进行检验。Cronbach's Alpha 值的最低水平为 0.7，CITC 的最低标准为 0.3。当某一题项的 CITC < 0.3，而且项已删除的 Cronbach's Alpha 值显著提高时，应该删除此题项（卢纹岱，2002）。

对变量或维度进行 KMO（Kaiser-Meyer-Olkin）和 Bartlett 的球形度检验。KMO 值应该大于 0.7，Bartlett 的球形度检验要求概率值小于显著性水平，才能继续进行因子分析。利用主成分分析法和最大方差旋转法进行因子分析，因子载荷要大于 0.5。本书根据以上指标检验量表的信度和效度。

一 创业行为量表的信度、效度分析

创业行为量表包含6个题项，信度分析结果见表4-8，创业行为量表的6个题项的 Cronbach's Alpha 值为 0.957（>0.7），校正的项总计相关性均大于 0.3，显示创业行为量表的信度较好。

表 4-8 创业行为量表的信度分析

编码	项已删除的刻度均值	项已删除的刻度方差	校正的项总计相关性	多相关性的平方	项已删除的Cronbach's Alpha 值	Cronbach's Alpha 值
EB1	13.68	42.900	0.808	0.659	0.954	0.957
EB2	13.66	42.138	0.858	0.767	0.949	
EB3	13.61	42.153	0.906	0.850	0.944	
EB4	13.57	41.325	0.903	0.853	0.944	
EB5	13.59	41.234	0.900	0.836	0.944	
EB6	13.47	42.603	0.809	0.663	0.954	

为判断创业行为量表的建构效度，对量表的数据进行 KMO 和 Bartlett 的球形度检验，结果见表 4-9。创业行为量表的 KMO 值为 0.915（>0.7），Bartlett 的球形度检验显著性水平为 0.000，明显小于 0.05 的显著性水平，说明创业行为量表的建构效度较好，可以进行下一步的因子分析来检测量表的判别效度。

表 4-9 创业行为量表的 KMO 和 Bartlett 的球形度检验

Kaiser-Meyer-Olkin 度量		0.915
Bartlett 的球形度检验	近似卡方	589.343
	df	15
	p	0.000

使用主成分分析法对创业行为量表的 6 个题项进行因子分析（见表 4-10），并使用最大方差旋转法，提取特征根大于 1 的因子，可以发现，6 个题项聚合为 1 个因子，该因子特征根为 4.939，每个题项的因子载荷均大于 0.5，反映出创业行为量表的题项具有良好的判别效度，可以作为正式量表的题项。

表 4-10 创业行为量表的因子分析

	因子	共同度
EB1	0.864	0.747

续表

	因子	共同度
EB2	0.903	0.815
EB3	0.938	0.880
EB4	0.936	0.876
EB5	0.934	0.873
EB6	0.865	0.748
特征根	4.939	
累计方差解释百分比	82.311%	

二 创业意愿量表的信度、效度分析

创业意愿量表一共 7 个题项，分为两个维度，信度分析结果见表 4-11，创业意愿量表 7 个题项的 Cronbach's Alpha 值为 0.900（>0.7），而且 7 个题项的校正的项总计相关性均大于 0.3，显示创业意愿量表的信度较好。

表 4-11 创业意愿量表的信度分析

编码	项已删除的刻度均值	项已删除的刻度方差	校正的项总计相关性	多相关性的平方	项已删除的Cronbach's Alpha 值	Cronbach's Alpha 值
PD1	19.93	29.534	0.736	0.739	0.882	
PD2	19.98	28.131	0.834	0.807	0.870	
PD3	20.02	29.164	0.754	0.713	0.880	
PD4	19.84	29.347	0.744	0.735	0.881	0.900
PF1	20.23	30.398	0.710	0.620	0.885	
PF2	20.28	31.743	0.619	0.521	0.895	
PF3	20.59	31.212	0.560	0.541	0.903	

为判断创业意愿量表 7 个题项的建构效度，对量表的数据进行 KMO 和 Bartlett 的球形度检验，结果见表 4-12。创业意愿量表的 KMO 值为 0.826（>0.7），Bartlett 的球形度检验显著性水平为 0.000，明显小于 0.05 的显著性水平，说明创业意愿量表的建构效度较好，可以进行下一步的因子分析来检测量表的判别效度。

表 4-12　创业意愿量表的 KMO 和 Bartlett 的球形度检验

Kaiser-Meyer-Olkin 度量		0.826
Bartlett 的球形度检验	近似卡方	457.082
	df	21
	p	0.000

创业意愿量表的 7 个题项包含两个维度，在使用主成分分析法进行因子分析时，选择最大方差旋转法，提取了 2 个因子，结果如表 4-13 所示。可以看出，2 个因子的特征根都大于 1，分别为 4.412 和 1.180，共解释所有题项数据 79.877% 的方差变异。同时，每个题项对应的因子载荷均大于 0.5，说明创业意愿量表的题项具有较好的判别效度，可以作为正式量表的题项。

表 4-13　创业意愿量表的因子分析

	因子		共同度
	PD	PF	
PD1	0.863	0.231	0.798
PD2	0.863	0.347	0.865
PD3	0.827	0.294	0.770
PD4	0.904	0.188	0.852
PF1	0.367	0.808	0.787
PF2	0.272	0.802	0.717
PF3	0.151	0.883	0.802
特征根	4.412	1.180	
累计方差解释百分比	79.877%		

三　创业学习量表的信度、效度分析

创业学习量表共有 8 个题项，反映两个维度，信度分析结果如表 4-14 所示。创业学习量表 8 个题项的 Cronbach's Alpha 值为 0.953（>0.7），并且 8 个题项的校正的项总计相关性都大于 0.3，显示创业学习量表的信度较好。

表4–14 创业学习量表的信度分析

编码	项已删除的刻度均值	项已删除的刻度方差	校正的项总计相关性	多相关性的平方	项已删除的Cronbach's Alpha 值	Cronbach's Alpha 值
EL1	25.43	39.413	0.855	0.765	0.944	0.953
EL2	25.38	39.623	0.800	0.713	0.948	
EL3	25.33	39.387	0.832	0.747	0.946	
EL4	25.43	39.237	0.778	0.655	0.949	
CL1	25.48	39.241	0.833	0.754	0.946	
CL2	25.38	39.117	0.845	0.759	0.945	
CL3	25.50	38.912	0.810	0.729	0.947	
CL4	25.45	38.997	0.836	0.754	0.945	

KMO 和 Bartlett 的球形度检验可以验证创业学习量表的建构效度，建构效度较好的量表才可以进行因子分析，检验结果见表4–15。可以发现，创业学习量表的 KMO 值大于 0.7，并且 Bartlett 的球形度检验结果显示 $p<0.05$，说明创业学习量表的建构效度较好，可以进行下一步的因子分析来检测量表的判别效度。

表4–15 创业学习量表的 KMO 和 Bartlett 的球形度检验

Kaiser-Meyer-Olkin 度量		0.924
Bartlett 的球形度检验	近似卡方	683.268
	df	28
	p	0.000

创业学习量表共有 8 个题项，反映两个维度，在使用主成分分析法进行因子分析时，选择最大方差旋转法，提取了 2 个因子，结果如表4–16 所示。可见，2 个因子的特征根分别为 6.021 和 0.522[①]，共解释所有题项数据 81.793% 的方差变异。同时，每个题项对应的因子载荷均大于 0.5，说明创业学习量表的两个维度具有较好的判别效度，可以作为正式量表的题项进行接下来的研究。

---

① 虽然该因子的特征根小于1，但其他数据都支持研究，可提取该因子。

表 4-16　创业学习量表的因子分析

	因子		共同度
	EL	CL	
EL1	0.810	0.447	0.855
EL2	0.770	0.427	0.775
EL3	0.801	0.431	0.828
EL4	0.785	0.386	0.765
CL1	0.422	0.819	0.849
CL2	0.503	0.750	0.816
CL3	0.368	0.849	0.857
CL4	0.511	0.733	0.799
特征根	6.021	0.522	
累计方差解释百分比	81.793%		

四　创业机会识别量表的信度、效度分析

创业机会识别量表共有 6 个题项，反映两个维度，信度分析结果如表 4-17 所示。创业机会识别量表 6 个题项的 Cronbach's Alpha 值为 0.891（>0.7），并且 6 个题项的校正的项总计相关性都大于 0.3，显示创业机会识别量表的信度较好。

表 4-17　创业机会识别量表的信度分析

编码	项已删除的刻度均值	项已删除的刻度方差	校正的项总计相关性	多相关性的平方	项已删除的 Cronbach's Alpha 值	Cronbach's Alpha 值
OF1	16.68	17.537	0.703	0.715	0.873	0.891
OF2	16.83	17.728	0.712	0.596	0.871	
OF3	16.67	17.519	0.695	0.749	0.874	
OP1	16.82	17.053	0.653	0.664	0.883	
OP2	16.82	17.625	0.702	0.628	0.873	
OP3	16.57	17.084	0.806	0.741	0.857	

为判断创业机会识别量表的建构效度，对量表的数据进行 KMO 和 Bartlett 的球形度检验，结果见表 4-18。创业机会识别量表的 KMO 值为 0.812（>0.7），Bartlett 的球形度检验显著性水平为 0.000，明显小

于 0.05 的显著性水平，说明创业机会识别量表的建构效度较好，可以进行下一步的因子分析来检测量表的判别效度。

表 4-18　创业机会识别量表的 KMO 和 Bartlett 的球形度检验

Kaiser-Meyer-Olkin 度量		0.812
Bartlett 的球形度检验	近似卡方	386.987
	df	15
	p	0.000

创业机会识别量表包含两个维度，共有 6 个题项，在使用主成分分析法进行因子分析时，选择最大方差旋转法，提取了 2 个因子，结果如表 4-19 所示。可见，2 个因子的特征根都大于 1，分别为 3.910 和 1.104，共解释所有题项数据 83.576% 的方差变异。同时，每个题项对应的因子载荷均大于 0.5，说明创业机会识别量表的两个维度具有较好的判别效度，可以作为正式量表的题项进行接下来的研究。

表 4-19　创业机会识别量表的因子分析

	因子		共同度
	OF	OP	
OF1	0.885	0.250	0.845
OF2	0.785	0.355	0.742
OF3	0.928	0.198	0.901
OP1	0.171	0.912	0.860
OP2	0.265	0.863	0.814
OP3	0.404	0.830	0.852
特征根	3.910	1.104	
累计方差解释百分比	83.576%		

五　创业者特质量表的信度、效度分析

创业者特质量表共有 4 个题项，信度分析结果如表 4-20 所示。创业者特质量表 4 个题项的 Cronbach's Alpha 值为 0.953（>0.7），并且 4 个题项的校正的项总计相关性都大于 0.3，显示创业者特质量表的信度较好。

表4-20 创业者特质量表的信度分析

编码	项已删除的刻度均值	项已删除的刻度方差	校正的项总计相关性	多相关性的平方	项已删除的Cronbach's Alpha 值	Cronbach's Alpha 值
ET1	10.64	7.156	0.665	0.470	0.882	0.953
ET2	10.50	6.670	0.818	0.684	0.820	
ET3	10.51	7.044	0.817	0.683	0.823	
ET4	10.45	7.415	0.692	0.519	0.869	

创业者特质量表4个题项的 KMO 和 Bartlett 的球形度检验结果见表4-21，反映量表的建构效度。其中，KMO 值为 0.821（>0.7），Bartlett 的球形度检验显著性水平小于 0.05（p=0.000），说明创业者特质量表的建构效度较好，可以进行下一步的因子分析来检测量表的判别效度。

表4-21 创业者特质量表的 KMO 和 Bartlett 的球形度检验

Kaiser-Meyer-Olkin 度量		0.821
Bartlett 的球形度检验	近似卡方	206.552
	df	6
	p	0.000

在利用主成分分析法进行因子分析时，选择最大方差旋转法，提取了1个因子，结果如表4-22所示。创业者特质量表的特征根为 2.978，共解释所有题项数据 74.439% 的方差变异。各题项的因子载荷都大于 0.5，说明创业者特质量表具有良好的判别效度，可以作为正式量表的题项进行接下来的研究。

表4-22 创业者特质量表的因子分析

	因子	共同度
ET1	0.803	0.645
ET2	0.908	0.825
ET3	0.907	0.823
ET4	0.827	0.684
特征根	2.978	
累计方差解释百分比	74.439%	

六 环境不确定性量表的信度、效度分析

环境不确定性量表包含 4 个题项，信度分析结果见表 4 - 23。环境不确定性量表的 4 个题项的 Cronbach's Alpha 值为 0.924（＞0.7），校正的项总计相关性均大于 0.3，显示环境不确定性量表的信度较好。

表 4 - 23 环境不确定性量表的信度分析

编码	项已删除的刻度均值	项已删除的刻度方差	校正的项总计相关性	多相关性的平方	项已删除的Cronbach's Alpha 值	Cronbach's Alpha 值
E1	10.95	7.920	0.822	0.682	0.903	
E2	10.88	7.689	0.815	0.674	0.905	0.924
E3	10.83	7.903	0.848	0.728	0.894	
E4	10.68	7.735	0.816	0.687	0.905	

为判断环境不确定性量表的建构效度，对量表的数据进行 KMO 和 Bartlett 的球形度检验，结果见表 4 - 24。环境不确定性量表的 KMO 值为 0.846（＞0.7），Bartlett 的球形度检验显著性水平为 0.000，明显小于 0.05 的显著性水平，说明环境不确定性量表的建构效度较好，可以进行下一步的因子分析来检测量表的判别效度。

表 4 - 24 环境不确定性量表的 KMO 和 Bartlett 的球形度检验

	Kaiser-Meyer-Olkin 度量		0.846
Bartlett 的球形度检验	近似卡方		275.401
	df		6
	p		0.000

在利用主成分分析法进行因子分析时，选择最大方差旋转法，提取了 1 个因子，结果如表 4 - 25 所示。环境不确定性量表的特征根为 3.265，共解释所有题项数据 81.623% 的方差变异。各题项的因子载荷都大于 0.5，说明环境不确定性量表具有良好的判别效度，可以作为正式量表的题项进行接下来的研究。

表 4-25　环境不确定性量表的因子分析

	因子	共同度
E1	0.901	0.812
E2	0.897	0.805
E3	0.917	0.841
E4	0.898	0.807
特征根	3.265	
累计方差解释百分比	81.623%	

第五章

调查问卷收回数据的分析与讨论

本书所使用的数据是通过问卷调查法获得的，心理学、行为学、管理学等领域的研究广泛使用问卷调查法进行数据收集。本章首先进行数据分析，包含初步的数据处理；其次对量表的信度与效度进行检验分析；最后进行假设检验及结果讨论。

第一节 数据基本情况的统计分析

描述性统计分析旨在掌握样本的综合状况，对样本的分布进行了解，为假设检验的结果提供参考。本研究的调查问卷收集开始于2017年4月下旬，共用两个月的时间。问卷通过问卷星网站进行发放，可以通过手机QQ和微信链接来填写问卷，问卷的填写有两种方式，一种方式是使用"滚雪球"的技术，通过家人或朋友转发链接邀请一些有创业意愿的人来填写，同时这些创业者也可以继续转发链接来邀请其他创业者填写；另一种方式是进行实地踏查，找一些创业者让他们通过手机扫描二维码来填写。最终共回收问卷726份，由于网络填写会自动筛除无效问卷，因此有效问卷共726份，回收率100%。

一 样本的基本情况介绍

（一）受访者的性别分布

表 5-1 列示了本次受访者的性别分布。其中男性受访者所占比例为 34.02%，女性受访者所占比例为 65.98%，表明想要创业的女性比例明显高于男性。可见对创业感兴趣的女性日益增多，逐渐成为创业的主力军。

表 5-1 受访者的性别分布

性别	频次（人）	比例（%）	有效比例（%）	累计比例（%）
男	247	34.02	34.02	34.02
女	479	65.98	65.98	100
总计	726	100.0	100.0	

（二）受访者的年龄分布

表 5-2 显示了受访者的年龄分布，25 岁及以下受访者最多，占总体的比例为 41.46%；其次为 36~40 岁的受访者，占总体的比例为 23.14%；41 岁及以上的受访者所占比例为 13.64%。可见，中国创业者正出现年轻化发展的态势，《全球创业观察报告（2014）》就曾指出青年为创业的主力军，在全国出现创业创新潮流的情况下，25 岁及以下的青年开展创业活动有更大的可能性。

表 5-2 受访者的年龄分布

年龄	频次（人）	比例（%）	有效比例（%）	累计比例（%）
25 岁及以下	301	41.46	41.46	41.46
26~30 岁	104	14.33	14.33	55.79
31~35 岁	54	7.44	7.44	63.23
36~40 岁	168	23.14	23.14	86.37
41~45 岁	72	9.92	9.92	96.29
46 岁及以上	27	3.72	3.72	100.0
总计	726	100.0	100.0	

(三) 受访者的学历分布

表 5-3 显示的是受访者的学历分布。受访者中最愿意创业的是本科学历的个体，占总体样本的 56.75%；其次为研究生学历，占总体样本的 24.52%；接下来是大专和高中及以下学历，分别占 11.43% 和 7.3%。很明显，高学历人员愿意创业的比例越来越高，成为中国创业发展的主要趋势。

表 5-3 受访者的学历分布

学历	频次（人）	比例（%）	有效比例（%）	累计比例（%）
高中及以下	53	7.3	7.3	7.3
大专	83	11.43	11.43	18.73
本科	412	56.75	56.75	75.48
研究生	178	24.52	24.52	100.0
总计	726	100.0	100.0	

(四) 受访者的专业背景分布

从表 5-4 可以看出，受访者的专业背景主要分布在 4 种类别上，即理工类（16.12%）、经济管理类（57.85%）、文史类（9.78%）、其他类（16.25%）。其中专业背景为经济管理类的受访者所占比例最大，其次为其他类和理工类。

表 5-4 受访者的专业背景分布

专业背景	频次（人）	比例（%）	有效比例（%）	累计比例（%）
理工类	117	16.12	16.12	16.12
经济管理类	420	57.85	57.85	73.97
文史类	71	9.78	9.78	83.75
其他类	118	16.25	16.25	100.0
总计	726	100.0	100.0	

(五) 受访者的家人或朋友有无创业经历分布

从表 5-5 可以看出，受访者的家人或朋友有创业经历的数量是

473人，所占比例为65.15%；家人或朋友没有创业经历的数量是253人，所占比例为34.85%。受访者的家人或朋友有创业经历的比例更大。

表5-5 受访者的家人或朋友有无创业经历分布

创业经历	频次（人）	比例（%）	有效比例（%）	累计比例（%）
有	473	65.15	65.15	65.15
无	253	34.85	34.85	100.0
合计	726	100.0	100.0	

（六）受访者的所在地分布

从表5-6可以看出，受访者所在地分为四大类别，分别为东北地区、东部地区、中部地区和西部地区。东北地区的受访者所占比例为65.01%，东部地区、中部地区和西部地区的受访者所占比例分别为18.04%、10.61%和6.34%。

表5-6 受访者的所在地分布

所在地	频次（人）	比例（%）	有效比例（%）	累计比例（%）
东北地区	472	65.01	65.01	65.01
东部地区	131	18.04	18.04	83.05
中部地区	77	10.61	10.61	93.66
西部地区	46	6.34	6.34	100.0
总计	726	100.0	100.0	

二 量表数据的描述性统计分析

表5-7显示的是被调查样本数据的初步分析，通过对每一个题项的均值、标准差、方差、偏度和峰度进行统计分析，获得了样本数据的分布状况，可以看出，各个数据的描述性统计较正常，没有出现异常值，数据很适合进行接下来的回归分析。

表5-7 量表数据的描述性统计分析

变量/维度	题项	N 统计量	均值 统计量	均值 标准误	标准差 统计量	方差 统计量	偏度 统计量	偏度 标准误	峰度 统计量	峰度 标准误
创业行为（EB）	EB1	726	2.67	0.053	1.439	2.070	0.216	0.091	-1.286	0.181
	EB2	726	2.64	0.052	1.411	1.991	0.217	0.091	-1.263	0.181
	EB3	726	2.76	0.052	1.406	1.978	0.053	0.091	-1.321	0.181
	EB4	726	2.66	0.052	1.395	1.947	0.127	0.091	-1.326	0.181
	EB5	726	2.61	0.052	1.399	1.957	0.210	0.091	-1.305	0.181
	EB6	726	2.83	0.053	1.431	2.047	0.025	0.091	-1.316	0.181
感知希求性（PD）	PD1	726	3.56	0.045	1.207	1.458	-0.598	0.091	-0.373	0.181
	PD2	726	3.58	0.044	1.183	1.400	-0.615	0.091	-0.289	0.181
	PD3	726	3.51	0.044	1.199	1.436	-0.518	0.091	-0.463	0.181
	PD4	726	3.67	0.044	1.187	1.410	-0.748	0.091	-0.122	0.181
感知可行性（PF）	PF1	726	3.25	0.043	1.167	1.361	-0.260	0.091	-0.548	0.181
	PF2	726	3.26	0.040	1.070	1.146	-0.282	0.091	-0.187	0.181
	PF3	726	2.96	0.046	1.241	1.539	-0.063	0.091	-0.863	0.181
经验学习（EL）	EL1	726	3.53	0.044	1.172	1.375	-0.655	0.091	-0.240	0.181
	EL2	726	3.69	0.041	1.109	1.229	-0.812	0.091	0.234	0.181
	EL3	726	3.63	0.041	1.111	1.234	-0.754	0.091	0.104	0.181
	EL4	726	3.62	0.041	1.105	1.220	-0.687	0.091	0.047	0.181
认知学习（CL）	CL1	726	3.57	0.039	1.052	1.106	-0.665	0.091	0.199	0.181
	CL2	726	3.67	0.040	1.075	1.155	-0.783	0.091	0.305	0.181
	CL3	726	3.63	0.040	1.088	1.185	-0.737	0.091	0.202	0.181
	CL4	726	3.58	0.040	1.074	1.154	-0.668	0.091	0.111	0.181
机会可行性（OF）	OF1	726	3.26	0.040	1.085	1.176	-0.303	0.091	-0.214	0.181
	OF2	726	3.17	0.040	1.081	1.168	-0.302	0.091	-0.287	0.181
	OF3	726	3.36	0.040	1.090	1.187	-0.429	0.091	-0.142	0.181
机会盈利性（OP）	OP1	726	3.28	0.042	1.120	1.253	-0.304	0.091	-0.334	0.181
	OP2	726	3.18	0.043	1.157	1.340	-0.273	0.091	-0.500	0.181
	OP3	726	3.18	0.043	1.146	1.313	-0.288	0.091	-0.423	0.181
环境不确定性（E）	E1	726	3.48	0.040	1.075	1.155	-0.568	0.091	0.020	0.181
	E2	726	3.52	0.040	1.068	1.141	-0.575	0.091	0.066	0.181
	E3	726	3.65	0.039	1.058	1.120	-0.646	0.091	0.112	0.181
	E4	726	3.77	0.040	1.066	1.136	-0.778	0.091	0.244	0.181

续表

变量/维度	题项	N 统计量	均值 统计量	均值 标准误	标准差 统计量	方差 统计量	偏度 统计量	偏度 标准误	峰度 统计量	峰度 标准误
创业者特质（ET）	ET1	726	3.32	0.040	1.087	1.180	-0.278	0.091	-0.310	0.181
	ET2	726	3.49	0.039	1.044	1.089	-0.434	0.091	-0.034	0.181
	ET3	726	3.45	0.039	1.052	1.106	-0.400	0.091	-0.163	0.181
	ET4	726	3.64	0.038	1.036	1.073	-0.655	0.091	0.227	0.181

第二节 收回数据对量表信度和效度的检验分析

在对收回数据进行回归分析之前，要检测量表的信度和效度，只有量表的信度和效度符合要求，才能说明数据具有科学性和准确性，才能继续进行回归分析。信度分析检测的是量表数据的内部一致性，一般用 Cronbach's Alpha 值来衡量，值越高代表数据越稳定、可靠，最低的标准为 0.7。效度分析衡量的是量表的有效性，也就是说量表是否能够准确地表达所测量的变量。

一 量表的信度分析

表 5-8 显示的是本书各个变量和它们的维度的信度分析结果，可以看出，创业行为、创业意愿、创业学习、创业机会识别、创业者特质和环境不确定性的量表具有较好的信度，它们的 Cronbach's Alpha 值分别为 0.930、0.936、0.957、0.931、0.868 和 0.911。此外，各个维度的信度也较好，感知希求性、感知可行性、经验学习、认知学习、机会可行性、机会盈利性量表的 Cronbach's Alpha 值分别为 0.952、0.859、0.933、0.939、0.895 和 0.886。因此，整个量表的信度较好。

表 5-8　量表的信度分析

变量	维度	题项数量	维度的 Cronbach's Alpha 值	变量的 Cronbach's Alpha 值
创业行为	—	6	—	0.930
创业意愿	感知希求性	4	0.952	0.936
	感知可行性	3	0.859	
创业学习	经验学习	4	0.933	0.957
	认知学习	4	0.939	
创业机会识别	机会可行性	3	0.895	0.931
	机会盈利性	3	0.886	
创业者特质	—	4	—	0.868
环境不确定性	—	4	—	0.911

二　量表的效度分析

本书使用下列四种方式对正式量表的效度进行检测。

1. 内容效度分析

内容效度可以检测量表内容是否能够充分反映或代表所要测量的变量，即问卷的题项是否能够充分准确地测量变量。为了满足内容效度的要求，本书所选取的量表均是国内外相关研究中被实证验证过的、信度和效度较好的量表，在正式发放调查问卷前进行了预调研，对受访者进行询问，同时咨询各方面的专家，多次修改题项，使问卷内容充实，题项说法明确，基本保证了问卷的内容效度。

2. 建构效度分析

建构效度分析采用变量或维度的 KMO 值和最小因子载荷来测量。KMO 值应该大于 0.7，且最小因子载荷要大于 0.7。测量结果如表 5-9 所示，可以看出，所有变量或维度的 KMO 值都大于 0.7，而且所有变量或维度的最小因子载荷都大于 0.7，所以本研究的量表均具有较好的建构效度。

表 5-9 量表的因子分析

变量/维度	题项数量	Cronbach's Alpha 值	KMO 值	解释的总方差	最小因子载荷
创业行为	6	0.930	0.903	74.212%	0.790
感知希求性	4	0.952	0.861	87.407%	0.924
感知可行性	3	0.859	0.736	78.315%	0.886
经验学习	4	0.933	0.856	83.412%	0.893
认知学习	4	0.939	0.866	84.445%	0.907
机会可行性	3	0.895	0.748	82.679%	0.896
机会盈利性	3	0.886	0.740	81.463%	0.890
创业者特质	4	0.911	0.797	71.698%	0.822
环境不确定性	4	0.868	0.829	78.642%	0.838

3. 收敛效度分析

收敛效度的测量采用 CR（组合信度）和 AVE（平均方差抽取量）来评估，CR 是用标准化因子载荷求出的，CR 应该大于 0.7，AVE 应该大于 0.5。CR 和 AVE 的计算公式如下：

$$CR = \frac{(\sum 标准化因子载荷)^2}{(\sum 标准化因子载荷)^2 + \sum(\theta)}$$

$$AVE = \frac{(\sum 标准化因子载荷)^2}{n}$$

其中，θ 为观察变量的误差变异量，n 为变量个数。

本书使用上述公式计算出 CR 和 AVE（见表 5-10），每一个变量或维度的 CR 都大于 0.9，超过了 0.7 的标准；AVE 最小的为 0.7166，远远超过了 0.5 的标准。这表明量表具有较好的收敛效度。

表 5-10 各变量或维度的 CR 和 AVE

变量/维度	题项	因子载荷	CR	AVE	变量/维度	题项	因子载荷	CR	AVE
创业行为	EB1	0.790	0.9451	0.7421	感知希求性	PD1	0.929	0.9654	0.8748
	EB2	0.880				PD2	0.949		
	EB3	0.908				PD3	0.939		
	EB4	0.878				PD4	0.924		

续表

变量/维度	题项	因子载荷	CR	AVE	变量/维度	题项	因子载荷	CR	AVE
创业行为	EB5	0.883	0.9451	0.7421	感知可行性	PF1	0.886	0.9155	0.7832
	EB6	0.824				PF2	0.890		
经验学习	EL1	0.893	0.9527	0.8343		PF3	0.879		
	EL2	0.919			机会可行性	OF1	0.914	0.9345	0.8264
	EL3	0.936				OF2	0.896		
	EL4	0.905				OF3	0.917		
认知学习	CL1	0.911	0.9559	0.8442	机会盈利性	OP1	0.890	0.9294	0.8144
	CL2	0.931				OP2	0.898		
	CL3	0.926				OP3	0.919		
	CL4	0.907				E1	0.838	0.9362	0.7859
创业者特质	ET1	0.832	0.9100	0.7166	环境不确定性	E2	0.884		
	ET2	0.876				E3	0.918		
	ET3	0.855				E4	0.304		
	ET4	0.822							

4. 判别效度分析

判别效度分析是将 AVE 的平方根与各变量或维度间的相关系数进行比较，如果各变量或维度间的相关系数小于 AVE 的平方根，表明量表具有良好的判别效度。如表 5-11 所示，将所有变量或维度进行相关性分析，得出变量或维度间的相关系数，将 AVE 的平方根放到对角线上，发现变量或维度间的相关系数都小于对角线上 AVE 的平方根。本研究量表的判别效度得到验证。

模型的拟合度反映了模型与样本数据的吻合程度，参考温忠麟等（2004）和吴明隆（2009）检验结构方程模型的方法，本研究选取 χ^2/df、GFI、AGFI、RFI、IFI、TLI、CFI、RMSEA 等指标评价模型的拟合情况，得到的结果分别为 4.407、0.845、0.819、0.910、0.937、0.930、0.937、0.065。其中，认为当 χ^2/df 小于 5，GFI、AGFI、RFI、IFI、TLI、CFI 多数大于 0.9，RMSEA 小于 0.08 时，表明模型的拟合度良好（王巧然、陶小龙，2016），由此可得模型具有较好的适配度。

表 5-11 各变量或维度的判别效度检验结果

	性别	年龄	专业背景	所在地	创业经历	学历	EB	PD	PF	EL	CL	OF	OP	E	ET
性别	-0.026														
年龄	0.148**	0.185**													
专业背景	-0.045	-0.230**	-0.113**												
所在地	-0.042	-0.180**	-0.023	0.078*											
创业经历	-0.068*	-0.194**	-0.350**	0.064*	0.067*										
学历	-0.039	-0.024	-0.052	0.031	-0.153**	0.021									
EB	-0.056	-0.049	-0.068*	-0.015	-0.159**	-0.024	0.8614								
PD	-0.061	0.019	0.012	-0.021	-0.164**	-0.073*	0.465**	0.9353							
PF	-0.051	0.016	-0.034	-0.028	-0.141**	0.017	0.555**	0.722**	0.8850						
EL	-0.040	0.016	-0.041	-0.030	-0.166**	0.019	0.454**	0.626**	0.584**	0.9134					
CL	-0.104**	-0.059	-0.027	-0.005	-0.164**	-0.009	0.434**	0.568**	0.528**	0.838**	0.9188				
OF	-0.060	-0.050	-0.048	0.031	-0.147**	0.072*	0.535**	0.633**	0.701**	0.650**	0.645**	0.9091			
OP	-0.031	0.028	-0.118**	-0.046	-0.154**	0.134**	0.532**	0.564**	0.623**	0.603**	0.598**	0.811**	0.9024		
E	-0.051	0.024	-0.040	-0.038	-0.178**	0.044	0.427**	0.524**	0.485**	0.710**	0.778**	0.604**	0.547**	0.8865	
ET	-0.051	0.024	-0.040	-0.038	-0.178**	0.044	0.441**	0.591**	0.587**	0.691**	0.697**	0.635**	0.588**	0.719**	0.8465
均值	1.660	2.570	2.260	1.580	1.350	2.98	2.694	3.580	3.158	3.620	3.616	3.262	3.216	3.591	3.475
标准差	0.474	1.607	0.917	0.915	0.477	0.808	1.216	1.116	1.026	1.026	0.985	0.986	1.030	0.945	0.892

注：* 表示在 0.05 的水平下显著相关 (2-tailed)，** 表示在 0.01 的水平下显著相关 (2-tailed)。控制变量无须计算 AVE 的平方根。

三 共同方法偏差检验

共同方法偏差是来自测量方法的一种系统误差，主要是由预测变量与效标变量的数据来源同样、测量背景同样等造成的人为的共变。共同方法偏差在问卷调查法中广泛存在。为了保证不会发生同源误差这种现象，本研究采用了两种控制方法，即程序控制和统计控制。程序控制方法要对问卷的题项进行反复推敲，避免出现问题模糊不清影响问题回答的状况。而采用 Harman 单因素检验方法进行统计控制，对本研究量表的全部题项进行探索性因子分析，并没有出现只析出 1 个因子的状况，35 个题项共提取了 5 个公共因子，特征根都大于 1，最大的因子特征根为 24.079，该因子解释方差贡献率的 51.231%。因此，共同方法偏差对本研究基本不会产生太大影响，可以继续进行研究。

第三节 收回数据进行的假设检验分析

本研究使用 SPSS 统计分析软件对研究假设进行回归分析。在回归分析之前要进行数据处理，首先要筛选不合格的数据，如答题时间短的数据，或者全都选择一样答案的数据。然后对控制变量进行虚拟化处理。本研究对影响创业意愿和创业行为的因素进行分析，发现影响因素有受访者的性别、年龄、学历、专业背景、所在地、亲人或朋友有无创业经历。将这些影响因素作为本研究的控制变量。关于受访者年龄的影响，不同年龄段的人群对创业的影响是不同的，创业意愿和创业行为之间的关系受到不同年龄段人群的影响；受访者的亲人或朋友有无创业经历反映了受访者的创业经验积累程度；受访者所在地对其开展创业行为会有重要的影响，发达经济区域的创业活动比落后地区的创业活动更活跃。因此将上述变量加入模型进行分析。在考虑受访者的性别、专业背景、所在地和家人或朋友有无创业经历的影响时，将男性、经济管理类、东北地区和家人或朋友有创业经历当作参照组，进行虚拟化处理。

接下来要对数据进行多重共线性检验，多重共线性检验可以评估自变量之间的相关性，如果相关性非常高就会影响回归分析结果的准确性。本研究采用了方差膨胀因子（Variance Inflation Factor，VIF）和德宾－沃森（Durbin-Watson）检验（简称 DW 检验）。若方差膨胀因子满足 0＜VIF＜10，则认为不存在多重共线性。而 DW 检验是目前检验自相关性最常用的方法，当 DW 值显著地接近 2 时，则不存在（一阶）自相关性；而当 DW 值显著地接近 0 或 4 时，就说明存在自相关性。经过检验表明，各自变量之间不存在多重共线性问题，可以进一步进行回归分析。

在完成数据处理之后，就要对数据进行回归分析，来检验第三章提出的研究假设。用数据的检验结果来说明创业意愿、创业学习、创业机会识别和创业行为之间的关系，从而更加系统地理解本研究的理论框架模型。

一 创业意愿对创业行为的影响效应检验

创业意愿对创业行为的影响效应采用多元回归分析进行检验，其中创业行为作为因变量，创业意愿、感知希求性和感知可行性作为自变量，并将受访者的年龄、学历、性别、专业背景、所在地、亲人或朋友有无创业经历作为控制变量，检验结果如表 5－12 所示。其中，控制变量对创业行为的影响效应在模型 1 中列示。模型 2 显示的是自变量创业意愿和控制变量对因变量创业行为的影响效应，创业意愿的回归系数 β 为 0.656（p＜0.01），这就说明创业意愿会显著地正向影响创业行为。同理，分别将感知希求性和感知可行性加入模型进行回归分析，得到模型 3 和模型 4，可见感知希求性（$\beta=0.490$，p＜0.01）和感知可行性（$\beta=0.646$，p＜0.01）对创业行为均具有显著的正向影响。假设 H1、H1a 和 H1b 成立。

表 5－12　创业意愿对创业行为影响效应的回归分析结果（因变量：创业行为）

		模型 1	模型 2	模型 3	模型 4
控制变量					
	女性（以男性为参照）	0.094	－0.004	0.032	0.001
	年龄	－0.024	0.003	0.010	－0.013

续表

		模型1	模型2	模型3	模型4
学历		-0.016	0.034	0.014	0.044
专业背景（以经济管理类为参照）	理工类	0.003	-0.108	-0.141	-0.029
	文史类	-0.014	-0.019	-0.029	-0.004
	其他类	-0.162	-0.163	-0.148	-0.182
所在地（以东北地区为参照）	东部地区	0.255	0.167	0.205	0.149
	中部地区	0.199	0.159	0.143	0.194
	西部地区	-0.102	0.067	0.072	0.002
家人或朋友有无创业经历（以家人或朋友有创业经历为参照）		-0.417	-0.162	-0.213	-0.183
自变量					
创业意愿			0.656**		
感知希求性				0.490**	
感知可行性					0.646**
R^2		0.039	0.230	0.231	0.323
Adj. R^2		0.026	0.220	0.219	0.313
F值		2.900**	177.990**	177.733**	299.592**
ΔR^2		0.039	0.192	0.192	0.284
DW		1.985	2.063	2.501	2.045

注：**表示0.01的显著性水平。

二 创业学习在创业意愿与创业行为之间的中介效应检验

在研究变量之间的关系时，通常会使用中介变量（Mediator），中介变量能够解释自变量对因变量的作用机制，中介效应检验程序如图5-1所示。第一步，自变量与因变量的回归系数为 c，c 必须显著，否则不需要进一步分析中介变量。第二步，自变量与中介变量的回归系数为 a，中介变量与因变量的回归系数为 b，如果 a 和 b 都显著就可以进入第三步进行回归分析；如果 a 和 b 至少有一个不显著，必须进行 Sobel 检验来确定中介效应①。第三步，将自变量和中介变量同时作为自变量，进

---

① 如果 a 和 b 都显著，可以选择使用 Sobel 方法进行进一步的检验。

行回归分析，此时自变量对因变量的回归系数为 c'，如果 c' 显著，则中介变量在自变量与因变量的关系间存在部分中介效应。如果 c' 不显著，则中介变量在自变量与因变量的关系间存在完全中介效应。

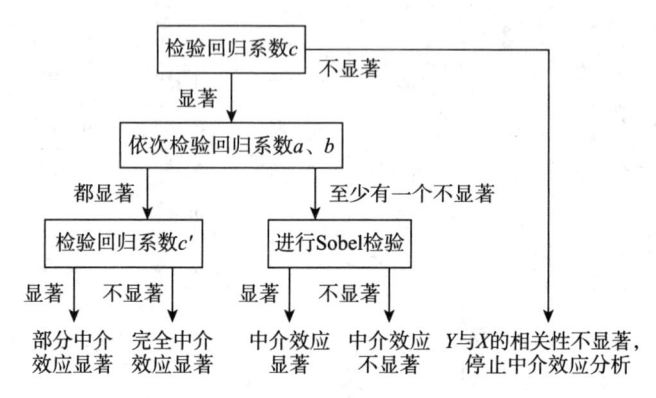

图 5-1 中介效应检验程序

资料来源：温忠麟等（2004）。

（一）创业意愿对创业学习的影响效应检验

模型中首先加入控制变量，在控制变量的基础上分别将创业意愿、感知希求性和感知可行性作为自变量，将创业学习作为因变量进行回归分析，结果如表 5-13 所示。模型 2 显示的是创业意愿对创业学习的影响效应，可以发现 F 值在 0.01 的水平下显著（F = 496.448，p < 0.01），Adj. R^2 的值为 0.425，说明模型能够解释创业学习 42.5% 的变化。创业意愿的回归系数 β = 0.625（p < 0.01），表明创业意愿对创业学习具有显著正向影响。同时，模型 3 和模型 4 显示，感知希求性和感知可行性的回归系数都在 0.01 的水平下显著，分别为 0.534 和 0.538，结果表明感知希求性和感知可行性对创业学习具有正向影响。假设 H2、H2a 和 H2b 成立。

表 5-13 创业意愿对创业学习影响效应的回归分析结果（因变量：创业学习）

		模型 1	模型 2	模型 3	模型 4
控制变量					
女性（以男性为参照）		0.100	0.014	0.032	0.020

续表

		模型 1	模型 2	模型 3	模型 4
年龄		-0.004	0.023	0.033	0.005
学历		0.017	0.065	0.049	0.066
专业背景（以经济管理类为参照）	理工类	0.020	-0.080	-0.129	-0.001
	文史类	0.073	0.068	0.056	0.081
	其他类	-0.097	-0.097	-0.081	-0.113
所在地（以东北地区为参照）	东部地区	0.096	0.012	0.041	0.008
	中部地区	0.090	0.052	0.029	0.086
	西部地区	-0.284	-0.123	-0.095	-0.198
家人或朋友有无创业经历（以家人或朋友有创业经历为参照）		-0.331	-0.087	-0.108	-0.136
自变量					
创业意愿			0.625**		
感知希求性				0.534**	
感知可行性					0.538**
R^2		0.040	0.434	0.402	0.354
Adj. R^2		0.027	0.425	0.392	0.344
F 值		3.004**	496.448**	431.065**	346.107**
ΔR^2		0.040	0.394	0.361	0.313
DW		2.026	2.098	2.095	2.080

注：** 表示 0.01 的显著性水平。

（二）创业学习对创业行为的影响效应检验

为了验证创业学习及其维度对创业行为的影响效应，在加入控制变量的基础上将创业行为作为因变量，将创业学习、经验学习和认知学习分别作为自变量进行回归分析，结果如表 5-14 所示。模型 2、模型 3、模型 4 分别是自变量为创业学习、经验学习和认知学习的回归结果。结果表明，F 值均在 0.01 的水平下显著，回归系数也都达到了显著性水平。模型 2 的 Adj. R^2 为 0.217，表明回归模型能够解释创业行为 21.7% 的变化。创业学习的回归系数 $\beta = 0.561$（$p < 0.01$），表明创业学习对创业行为具有显著的正向影响。模型 3 和模型 4 表明，经验学习和认知学习对创业行为也具有显著的正向影响，回归系数分别为 $\beta = 0.517$

（p<0.01）和 $\beta=0.513$（p<0.01）。因此假设 H3、H3a 和 H3b 成立。

表 5-14　创业学习对创业行为影响效应的回归分析结果（因变量：创业行为）

		模型 1	模型 2	模型 3	模型 4
控制变量					
女性（以男性为参照）		0.094	0.038	0.036	0.050
年龄		-0.024	-0.022	-0.019	-0.024
学历		-0.016	-0.025	0.005	-0.054
专业背景（以经济管理类为参照）	理工类	-0.003	-0.015	-0.044	0.016
	文史类	-0.014	-0.055	-0.090	-0.013
	其他类	-0.162	-0.108	-0.107	-0.118
所在地（以东北地区为参照）	东部地区	0.255	0.201	0.186	0.225
	中部地区	0.199	0.148	0.152	0.153
	西部地区	-0.102	0.058	0.056	0.033
家人或朋友有无创业经历（以家人或朋友有创业经历为参照）		-0.417	-0.232	-0.257	-0.237
自变量					
创业学习			0.561**		
经验学习				0.517**	
认知学习					0.513**
R^2		0.039	0.229	0.223	0.205
Adj. R^2		0.026	0.217	0.211	0.192
F 值		2.900**	176.083**	168.557**	148.699**
ΔR^2		0.039	0.190	0.184	0.166
DW		1.985	2.041	2.036	2.031

注：** 表示 0.01 的显著性水平。

（三）创业学习的中介效应检验

为了验证创业学习的中介效应，先将创业意愿和创业学习同时作为自变量对模型进行回归，结果如表 5-15 所示。在表 5-12 中，创业意愿对创业行为具有显著的正向影响（$\beta=0.656$，p<0.01）；在表 5-13 中，创业意愿对创业学习具有显著的正向影响（$\beta=0.625$，p<0.01）；在表 5-14 中创业学习对创业行为具有显著的正向影响（$\beta=0.561$，

$p < 0.01$），因此可以进一步进行中介效应检验。

在表 5-15 中，将创业意愿和创业学习加入回归模型 2 后，创业意愿对创业行为的回归系数由 0.656（$p < 0.01$）降为 0.517（$p < 0.01$），中介变量的回归系数 $\beta = 0.222$ 且显著（$p < 0.01$），模型 2 能够解释创业行为 31.8% 的变化，而且 F 值显著（$F = 153.989$，$p < 0.01$）。这表明创业学习在创业意愿和创业行为的关系间存在部分中介效应。因此假设 H4 得到验证。

模型 3 和模型 4 分别显示的是经验学习和认知学习的中介效应。模型 3 将创业意愿与经验学习共同加入模型进行回归分析，创业意愿的回归系数由 0.656（$p < 0.01$）降为 0.527（$p < 0.01$），中介变量的回归系数 $\beta = 0.192$ 且显著（$p < 0.01$），表明经验学习在创业意愿和创业行为的关系间存在部分中介效应。因此假设 H4a 得到验证。将创业意愿和认知学习共同加入模型进行回归分析，创业意愿的回归系数由 0.656（$p < 0.01$）降为 0.542（$p < 0.01$），中介变量的回归系数 $\beta = 0.195$ 且显著（$p < 0.01$），表明认知学习在创业意愿和创业行为的关系间存在部分中介效应。因此假设 H4b 得到验证。

表 5-15 创业学习的中介效应回归分析结果（因变量：创业行为）

		模型 1	模型 2	模型 3	模型 4
控制变量					
女性（以男性为参照）		0.004	0.001	0.000	0.003
年龄		0.004	-0.001	-0.001	-0.001
学历		0.034	0.020	0.032	0.011
专业背景（以经济管理类为参照）	理工类	-0.108	-0.091	-0.103	-0.083
	文史类	-0.019	-0.034	-0.046	-0.018
	其他类	-0.163	-0.141	-0.142	-0.146
所在地（以东北地区为参照）	东部地区	0.167	0.165	0.159	0.171
	中部地区	0.159	0.147	0.149	0.148
	西部地区	0.067	0.095	0.093	0.089
家人或朋友有无创业经历（以家人或朋友有创业经历为参照）		-0.162	-0.142	-0.152	-0.137

续表

		模型 1	模型 2	模型 3	模型 4
自变量					
创业意愿		0.656**	0.517**	0.527**	0.542**
中介变量					
创业学习			0.222**		
经验学习				0.192**	
认知学习					0.195**
R^2		0.311	0.329	0.326	0.326
Adj. R^2		0.301	0.318	0.315	0.315
F 值		282.313**	153.989**	151.955**	151.955**
ΔR^2		0.272	0.290	0.287	0.287
DW		2.063	2.067	2.066	2.066

注：** 表示 0.01 的显著性水平。

为了进一步检验创业学习在创业意愿和创业行为的关系间存在中介效应，下面进行 Sobel 检验，Sobel 检验的统计量为 Z 值和 p 值，用来衡量创业学习的中介效应，其中 $Z = a \times b / \mathrm{SQRT}(b^2 \times S_a^2 + a^2 \times S_b^2)$。检验结果如表 5-16 所示，Z = 4.27（p < 0.01），表明创业学习在创业意愿与创业行为之间的中介效应得到验证。

表 5-16　Sobel 检验的中介效应结果（因变量：创业行为）

统计量	创业学习
Z 值	4.27
标准误	0.0325
p 值	<0.01

三　创业机会识别在创业意愿与创业行为之间的中介效应检验

（一）创业意愿对创业机会识别的影响效应检验

本研究分别探讨创业意愿及其维度（感知希求性和感知可行性）对创业机会识别的影响效应，结果如表 5-17 所示。

表 5-17 创业意愿对创业机会识别影响效应的回归分析结果
（因变量：创业机会识别）

		模型 1	模型 2	模型 3	模型 4
控制变量					
女性（以男性为参照）		0.184	0.091	0.117	0.089
年龄		-0.053	-0.024	-0.017	-0.042
学历		0.001	0.053	0.034	0.061
专业背景（以经济管理类为参照）	理工类	0.037	-0.071	-0.111	0.011
	文史类	-0.018	-0.023	-0.034	-0.008
	其他类	-0.001	-0.002	0.014	-0.021
所在地（以东北地区为参照）	东部地区	0.106	0.015	0.051	0.000
	中部地区	0.133	0.092	0.073	0.128
	西部地区	-0.166	0.009	0.022	-0.062
家人或朋友有无创业经历（以家人或朋友有创业经历为参照）		-0.373	-0.109	-0.152	-0.140
自变量					
创业意愿			0.677**		
感知希求性				0.528**	
感知可行性					0.641**
R^2		0.049	0.516	0.407	0.500
Adj. R^2		0.036	0.509	0.397	0.492
F 值		3.716	688.878**	429.830**	642.870**
ΔR^2		0.049	0.467	0.357	0.450
DW		1.930	1.926	1.943	1.912

注：** 表示 0.01 的显著性水平。

在这一环节中，模型 1 是将控制变量作为自变量，将创业机会识别作为因变量，模型 2、模型 3、模型 4 分别在控制变量作为自变量的基础上加入创业意愿及其维度（感知希求性和感知可行性）。回归分析结果显示，模型 2 中创业意愿的回归系数显著（$\beta = 0.677$，$p < 0.01$），表明创业意愿对创业机会识别具有显著的正向影响。假设 H5 通过了检验。相同原理，感知希求性和感知可行性的回归系数均显著为正，分别为 $\beta = 0.528$（$p < 0.01$）、$\beta = 0.641$（$p < 0.01$）。因此，H5a 和 H5b 通

过了检验。

(二) 创业机会识别对创业行为的影响效应检验

将创业机会识别及其维度（机会盈利性和机会可行性）分别当作自变量，因变量为创业行为，在加入了控制变量的情况下进行回归分析，模型2、模型3、模型4分别考察了创业机会识别及其维度对创业行为的影响，结果如表5-18所示。

表5-18 创业机会识别对创业行为影响效应的回归分析结果（因变量：创业行为）

		模型1	模型2	模型3	模型4
控制变量					
女性（以男性为参照）		0.094	-0.033	0.011	-0.055
年龄		-0.024	0.013	0.002	0.017
学历		-0.016	-0.017	-0.013	-0.021
专业背景（以经济管理类为参照）	理工类	-0.003	-0.029	-0.012	-0.042
	文史类	-0.014	-0.001	0.023	-0.030
	其他类	-0.162	-0.161	-0.124	-0.201
所在地（以东北地区为参照）	东部地区	0.255	0.182	0.187	0.190
	中部地区	0.199	0.107	0.094	0.139
	西部地区	-0.102	0.013	-0.050	0.057
家人或朋友有无创业经历（以家人或朋友有创业经历为参照）		-0.417	-0.159	-0.202	-0.166
自变量					
创业机会识别			0.693**		
机会盈利性				0.607**	
机会可行性					0.645**
R^2		0.039	0.323	0.294	0.298
Adj. R^2		0.026	0.313	0.283	0.287
F值		2.900**	299.984**	257.479**	263.039**
ΔR^2		0.039	0.284	0.255	0.259
DW		1.985	2.051	2.018	2.069

注：**表示0.01的显著性水平。

回归分析模型2将创业机会识别作为自变量，结果显示F值在

0.01 的水平下显著。同时，通过对回归模型进行的显著性检验表明，创业机会识别的回归系数为 0.693（p<0.01），意味着创业机会识别对创业行为具有显著的正向影响，即假设 H6 成立。同时，模型 3 和模型 4 显示机会盈利性和机会可行性的回归系数分别为 0.607（p<0.01）和 0.645（p<0.01），表明假设 H6a、H6b 得到验证。

（三）创业机会识别的中介效应检验

根据温忠麟等（2004）的检验程序对创业机会识别的中介效应进行检验。在表 5-12 中，创业意愿对创业行为具有显著的正向影响（$\beta=0.656$，$p<0.01$）；在表 5-17 中，创业意愿对创业机会识别具有显著的正向影响（$\beta=0.677$，$p<0.01$）；在表 5-18 中，创业机会识别对创业行为具有显著的正向影响（$\beta=0.693$，$p<0.01$）。由上可知可以进一步进行中介效应检验。

在表 5-19 中，模型 2 将创业意愿和创业机会识别同时作为自变量进行回归分析，创业意愿的回归系数由 0.656（p<0.01）降为 0.366（p<0.01），中介变量的回归系数 $\beta=0.428$ 且显著（p<0.01），表明创业机会识别在创业意愿和创业行为的关系间存在部分中介效应。因此假设 H7 得到验证。

表 5-19 创业机会识别的中介效应回归分析结果（因变量：创业行为）

		模型 1	模型 2	模型 3	模型 4
控制变量					
女性（以男性为参照）		0.004	-0.035	-0.012	-0.044
年龄		0.004	0.015	0.010	0.016
学历		0.034	0.011	0.018	0.012
专业背景（以经济管理类为参照）	理工类	-0.108	-0.078	-0.076	-0.090
	文史类	-0.019	-0.009	0.004	-0.026
	其他类	-0.163	-0.162	-0.140	-0.184
所在地（以东北地区为参照）	东部地区	0.167	0.161	0.159	0.165
	中部地区	0.159	0.120	0.112	0.141
	西部地区	0.067	0.063	0.038	0.091

续表

	模型1	模型2	模型3	模型4
家人或朋友有无创业经历（以家人或朋友有创业经历为参照）	-0.162	-0.115	-0.127	-0.120
自变量				
创业意愿	0.656**	0.366**	0.425**	0.408**
中介变量				
创业机会识别		0.428**		
机会盈利性			0.352**	
机会可行性				0.355**
R^2	0.311	0.366	0.363	0.350
Adj. R^2	0.301	0.356	0.352	0.340
F值	282.313**	184.262**	58.036**	42.983**
ΔR^2	0.272	0.327	0.052	0.039
DW	2.063	2.076	2.062	2.086

注：** 表示 0.01 的显著性水平。

模型3和模型4是分别以机会盈利性和机会可行性作为自变量，同时将创业意愿加入回归模型，得出创业意愿的回归系数分别为0.425（$p<0.01$）和0.408（$p<0.01$），都在原有的系数上有所下降，表明机会盈利性和机会可行性具有部分中介效应，假设H7a和H7b得到验证。

为了进一步检验创业机会识别在创业意愿和创业行为的关系间存在中介效应，下面进行Sobel检验，结果如表5-20所示，Z=2.474（$p<0.05$），表明创业机会识别在创业意愿与创业行为之间的中介效应得到验证。

表5-20 Sobel检验的中介效应结果（因变量：创业行为）

统计量	创业机会识别
Z值	2.474
标准误	0.1171
p值	<0.05

四 创业学习与创业机会识别在创业意愿与创业行为的间接影响路径中存在链式二重中介效应的检验

假设 H8、H9 的检验框架模型如图 5-2 所示,从图中可以看出,创业学习对创业机会识别的回归系数为 0.668（p<0.01）,因此创业学习对创业机会识别具有显著的正向影响,假设 H8 得到验证。由于假设 H4 和假设 H7 分别验证了创业学习和创业机会识别在创业意愿与创业行为的关系间存在中介效应,为了验证创业学习和创业机会识别的链式二重中介效应,要先将创业学习、创业机会识别、创业意愿和创业行为共同加入模型进行回归分析,创业意愿对创业行为的作用依然显著,只是创业意愿的回归系数由 0.656（p<0.01）降为 0.343（p<0.01）,因此创业学习与创业机会识别在创业意愿与创业行为的关系间存在双重中介效应。接下来要验证创业学习与创业机会识别在创业意愿与创业行为间的链式二重中介效应,利用 SPSS 偏差校正非参数百分位的 Bootstrap 方法进行检验,在重复抽样 5000 次的情况下,计算 95% 的置信区间。假设检验结果表明,在创业学习与创业机会识别的作用下,创业意愿对创业行为的影响效应由直接效应 0.343（p<0.01）变为间接效应 0.313（p<0.05）,并且从创业意愿到创业行为的置信区间为 [0.216, 0.424],该置信区间不包含 0,因此,创业学习与创业机会识别的链式二重中介效应显著。假设 H9 成立。

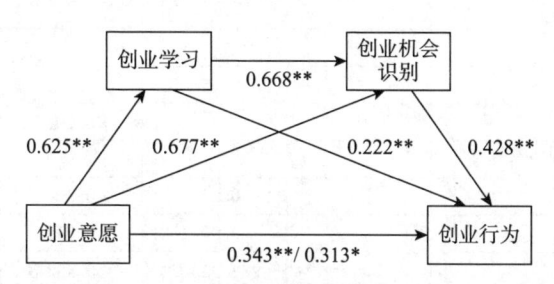

图 5-2 创业学习和创业机会识别的链式二重中介效应模型

注：* 表示 0.05 的显著性水平,** 表示 0.01 的显著性水平。

五 创业者特质的调节作用检验

(一) 创业者特质调节创业意愿与创业行为之间的关系检验

在分析调节作用前为降低多重共线性，要对各变量进行中心化处理。本研究调节作用的因变量为创业行为，首先，将创业意愿和创业者特质作为自变量进行回归；其次，在上述模型基础上加入创业意愿和创业者特质的乘积项。创业者特质调节作用的回归分析结果如表5-21所示。

表5-21 创业者特质调节作用的回归分析结果（因变量：创业行为）

		模型1	模型2	模型3
控制变量				
女性（以男性为参照）		0.004	0.000	-0.012
年龄		0.004	0.000	-0.003
学历		0.034	0.015	0.021
专业背景（以经济管理类为参照）	理工类	-0.108	-0.103	-0.098
	文史类	-0.019	-0.022	-0.023
	其他类	-0.163	-0.159	-0.152
所在地（以东北地区为参照）	东部地区	0.167	0.182	0.177
	中部地区	0.159	0.158	0.152
	西部地区	0.067	0.081	0.059
家人或朋友有无创业经历（以家人或朋友有创业经历为参照）		-0.162	-0.137	-0.142
自变量				
创业意愿		0.656**	0.541**	0.545**
创业者特质			0.202**	0.223**
创业意愿×创业者特质				0.063*
R^2		0.311	0.324	0.328
Adj. R^2		0.301	0.313	0.316
F值		282.313**	150.433**	102.110**
ΔR^2		0.272	0.285	0.289
DW		1.985	2.076	2.074

注：*表示0.05的显著性水平，**表示0.01的显著性水平。

分析结果中模型 1 表明创业意愿对创业行为具有显著的正向影响（$\beta = 0.656$，$p < 0.01$），模型 2 表明创业意愿（$\beta = 0.541$，$p < 0.01$）和创业者特质（$\beta = 0.202$，$p < 0.01$）均对创业行为具有显著正向影响。最后将创业意愿与创业者特质的乘积项放入模型 3 进行回归分析，结果表明创业意愿与创业者特质的乘积项（$\beta = 0.063$，$p = 0.048$）对创业行为的影响在 0.05 的水平下显著，这说明创业者特质在创业意愿与创业行为之间存在调节作用，即假设 H10 成立。

（二）创业者特质调节创业意愿与创业机会识别之间的关系检验

将创业机会识别作为因变量，将创业意愿和创业者特质作为自变量加入模型进行回归分析，结果如表 5-22 中模型 1 和模型 2 所示。在上述模型基础上加入创业意愿和创业者特质的乘积项进行回归分析，结果如表 5-22 中模型 3 所示。模型 1 显示创业意愿（$\beta = 0.677$，$p < 0.01$）对创业机会识别具有显著的正向影响，模型 2 显示创业意愿（$\beta = 0.486$，$p < 0.01$）和创业者特质（$\beta = 0.339$，$p < 0.01$）对创业机会识别具有显著的正向影响，模型 3 显示创业意愿与创业者特质的乘积项（$\beta = 0.017$，$p = 0.405$）对创业机会识别的影响不显著。这说明创业者特质在创业意愿与创业机会识别之间不存在调节作用，即假设 H11 不成立。

表 5-22 创业者特质调节作用的回归分析结果（因变量：创业机会识别）

		模型 1	模型 2	模型 3
控制变量				
女性（以男性为参照）		0.091	0.083	0.080
年龄		-0.024	-0.031	-0.032
学历		0.053	0.021	0.023
专业背景（以经济管理类为参照）	理工类	-0.071	-0.062	-0.061
	文史类	-0.023	-0.029	-0.029
	其他类	-0.002	0.005	0.007

续表

		模型 1	模型 2	模型 3
所在地（以东北地区为参照）	东部地区	0.015	0.040	0.039
	中部地区	0.092	0.091	0.089
	西部地区	0.009	0.032	0.026
家人或朋友有无创业经历（以家人或朋友有创业经历为参照）		-0.109	-0.067	-0.068
自变量				
创业意愿		0.677**	0.486**	0.487**
创业者特质			0.339**	0.345**
创业意愿×创业者特质				0.017
R^2		0.516	0.574	0.575
Adj. R^2		0.509	0.567	0.567
F 值		688.878**	439.404**	293.042**
ΔR^2		0.467	0.525	0.525
DW		1.926	1.960	1.961

注：** 表示 0.01 的显著性水平。

六 环境不确定性的调节作用检验

（一）环境不确定性调节创业意愿与创业行为之间的关系检验

将创业意愿和环境不确定性作为自变量，将创业行为作为因变量加入模型进行回归分析，结果如表 5-23 中模型 1 和模型 2 所示。在上述模型基础上加入创业意愿和环境不确定性的乘积项进行回归分析，结果如表 5-23 中模型 3 所示。模型 1 显示创业意愿（$\beta=0.656$，$p<0.01$）对创业行为具有显著的正向影响，模型 2 显示创业意愿（$\beta=0.541$，$p<0.01$）和环境不确定性（$\beta=0.223$，$p<0.01$）对创业行为都具有显著的正向影响，模型 3 则表明创业意愿和环境不确定性的乘积项（$\beta=0.075$，$p=0.014$）对创业行为的影响在 0.05 的水平下显著。这说明环境不确定性在创业意愿与创业行为之间存在调节作用，即假设 H12 成立。

表 5-23　环境不确定性调节作用的回归分析结果（因变量：创业行为）

		模型 1	模型 2	模型 3
控制变量				
女性（以男性为参照）		0.004	0.012	0.003
年龄		0.004	-0.006	-0.009
学历		0.034	-0.001	0.003
专业背景（以经济管理类为参照）	理工类	-0.108	-0.089	-0.077
	文史类	-0.019	0.007	0.005
	其他类	-0.163	-0.105	-0.092
所在地（以东北地区为参照）	东部地区	0.167	0.167	0.156
	中部地区	0.159	0.151	0.147
	西部地区	0.067	0.114	0.089
家人或朋友有无创业经历（以家人或朋友有创业经历为参照）		-0.162	-0.139	-0.144
自变量				
创业意愿		0.656**	0.541**	0.541**
环境不确定性			0.223**	0.265**
创业意愿×环境不确定性				0.075*
R^2		0.311	0.331	0.337
Adj. R^2		0.301	0.320	0.325
F 值		282.313**	155.636**	106.538**
ΔR^2		0.272	0.292	0.298
DW		2.063	2.077	2.071

注：*表示 0.05 的显著性水平，**表示 0.01 的显著性水平。

（二）环境不确定性调节创业意愿与创业学习之间的关系检验

将创业意愿和环境不确定性作为自变量，将创业学习作为因变量加入模型进行回归分析，结果如表 5-24 中模型 1 和模型 2 所示。在上述模型基础上加入创业意愿和环境不确定性的乘积项进行回归分析，结果如表 5-24 中模型 3 所示。模型 1 显示创业意愿（$\beta = 0.625$，$p < 0.01$）对创业学习具有显著的正向影响，模型 2 显示创业意愿（$\beta = 0.305$，$p <$

0.01)和环境不确定性（$\beta = 0.621$，$p < 0.01$）对创业学习具有显著的正向影响，模型3则表明创业意愿和环境不确定性的乘积项（$\beta = -0.045$，$p = 0.008$）对创业学习的影响在0.01的水平下显著。这说明环境不确定性在创业意愿与创业学习之间存在负向调节作用，即假设H13不成立。

表5-24 环境不确定性调节作用的回归分析结果（因变量：创业学习）

		模型1	模型2	模型3
控制变量				
女性（以男性为参照）		0.014	0.035	0.041
年龄		0.023	-0.006	-0.004
学历		0.065	-0.033	-0.035
专业背景（以经济管理类为参照）	理工类	-0.080	-0.025	-0.032
	文史类	0.068	0.141	0.142
	其他类	-0.097	0.065	0.058
所在地（以东北地区为参照）	东部地区	0.012	0.013	0.019
	中部地区	0.052	0.031	0.034
	西部地区	-0.123	0.008	0.023
家人或朋友有无创业经历（以家人或朋友有创业经历为参照）		-0.087	-0.024	-0.021
自变量				
创业意愿		0.625**	0.305**	0.305**
环境不确定性			0.621**	0.596**
创业意愿×环境不确定性				-0.045**
R^2		0.434	0.678	0.682
Adj. R^2		0.425	0.673	0.676
F值		496.448**	707.207**	477.908**
ΔR^2		0.394	0.638	0.641
DW		2.098	2.079	2.083

注：**表示0.01的显著性水平。

（三）环境不确定性调节创业意愿与创业机会识别之间的关系检验

将创业意愿和环境不确定性作为自变量，将创业机会识别作为因变量加入模型进行回归分析，结果如表 5-25 中模型 1 和模型 2 所示。在上述模型基础上加入创业意愿和环境不确定性的乘积项进行回归分析，结果如表 5-25 中模型 3 所示。模型 1 显示创业意愿（$\beta = 0.677$，$p < 0.01$）对创业机会识别具有显著的正向影响，模型 2 显示创业意愿（$\beta = 0.513$，$p < 0.01$）和环境不确定性（$\beta = 0.319$，$p < 0.01$）对创业机会识别具有显著的正向影响，模型 3 显示创业意愿与环境不确定性的乘积项（$\beta = 0.035$，$p = 0.067$）对创业机会识别不具有显著的正向影响。这说明环境不确定性不能调节创业意愿与创业机会识别之间的关系，即假设 H14 不成立。

表 5-25 环境不确定性调节作用的回归分析结果（因变量：创业机会识别）

		模型 1	模型 2	模型 3
控制变量				
女性（以男性为参照）		0.091	0.102	0.098
年龄		-0.024	-0.039	-0.040
学历		0.053	0.004	0.005
专业背景（以经济管理类为参照）	理工类	-0.071	-0.043	-0.038
	文史类	-0.023	0.014	0.013
	其他类	-0.002	0.081	0.087
所在地（以东北地区为参照）	东部地区	0.015	0.015	0.010
	中部地区	0.092	0.081	0.079
	西部地区	0.009	0.077	0.065
家人或朋友有无创业经历（以家人或朋友有创业经历为参照）		-0.109	-0.076	-0.078
自变量				
创业意愿		0.677**	0.513**	0.513**
环境不确定性			0.319**	0.339**
创业意愿 × 环境不确定性				0.035
R^2		0.516	0.581	0.583
Adj. R^2		0.509	0.574	0.576
F 值		688.878**	452.724**	303.939**

续表

	模型1	模型2	模型3
ΔR^2	0.516	0.532	0.534
DW	1.926	1.898	1.894

注：**表示0.01的显著性水平。

（四）环境不确定性调节创业学习与创业行为之间的关系检验

将创业学习和环境不确定性作为自变量，将创业行为作为因变量加入模型进行回归分析，结果如表5-26中模型1和模型2所示。在上述模型基础上加入创业学习和环境不确定性的乘积项进行回归分析，结果如表5-26中模型3所示。模型1显示创业学习（$\beta=0.561$，$p<0.01$）对创业行为具有显著的正向影响，模型2显示创业学习（$\beta=0.400$，$p<0.01$）和环境不确定性（$\beta=0.216$，$p<0.01$）对创业行为都具有显著的正向影响，模型3则表明创业学习和环境不确定性的乘积项（$\beta=0.068$，$p=0.032$）在0.05的水平下对创业行为具有显著的正向影响。这说明环境不确定性正向调节创业学习与创业行为之间的关系，即假设H15成立。

表5-26 环境不确定性调节作用的回归分析结果（因变量：创业行为）

		模型1	模型2	模型3
控制变量				
女性（以男性为参照）		0.038	0.046	0.040
年龄		-0.022	-0.027	-0.030
学历		-0.025	-0.048	-0.041
专业背景（以经济管理类为参照）	理工类	-0.015	-0.010	-0.010
	文史类	-0.055	-0.018	-0.017
	其他类	-0.108	-0.067	-0.056
所在地（以东北地区为参照）	东部地区	0.201	0.202	0.191
	中部地区	0.148	0.149	0.123
	西部地区	0.058	0.086	0.067

续表

		模型1	模型2	模型3
家人或朋友有无创业经历（以家人或朋友有创业经历为参照）		-0.232	-0.220	-0.225
自变量				
创业学习		0.561**	0.400**	0.425**
环境不确定性			0.216**	0.246**
创业学习×环境不确定性				0.068*
R^2		0.229	0.240	0.245
Adj. R^2		0.217	0.227	0.231
F 值		176.083	94.129	64.612
ΔR^2		0.190	0.201	0.206
DW		2.041	2.055	2.054

注：*表示 0.05 的显著性水平，**表示 0.01 的显著性水平。

（五）环境不确定性调节创业机会识别与创业行为之间的关系检验

将创业机会识别和环境不确定性作为自变量，将创业行为作为因变量加入模型进行回归分析，结果如表 5-27 中模型 1 和模型 2 所示。在上述模型基础上加入创业机会识别和环境不确定性的乘积项进行回归分析，结果如表 5-27 中模型 3 所示。模型 1 显示创业机会识别（$\beta=0.693$，$p<0.01$）对创业行为具有显著的正向影响，模型 2 显示创业机会识别（$\beta=0.593$，$p<0.01$）和环境不确定性（$\beta=0.170$，$p<0.01$）对创业行为都具有显著的正向影响，模型 3 则表明创业机会识别和环境不确定性的乘积项（$\beta=0.068$，$p=0.026$）对创业行为的影响在 0.05 的水平下显著。这说明环境不确定性在创业机会识别与创业行为之间存在正向调节作用，即假设 H16 成立。

表 5-27　环境不确定性调节作用的回归分析结果（因变量：创业行为）

		模型1	模型2	模型3
控制变量				
女性（以男性为参照）		-0.033	-0.021	-0.029

续表

		模型 1	模型 2	模型 3
年龄		0.013	0.004	0.002
学历		-0.017	-0.037	-0.031
专业背景（以经济管理类为参照）	理工类	-0.029	-0.024	-0.025
	文史类	-0.001	0.016	0.010
	其他类	-0.161	-0.117	-0.098
所在地（以东北地区为参照）	东部地区	0.182	0.181	0.174
	中部地区	0.107	0.109	0.096
	西部地区	0.013	0.055	0.033
家人或朋友有无创业经历（以家人或朋友有创业经历为参照）		-0.159	-0.145	-0.149
自变量				
创业机会识别		0.693**	0.593**	0.586**
环境不确定性			0.170**	0.215**
创业机会识别×环境不确定性				0.068*
R^2		0.323	0.334	0.338
Adj. R^2		0.313	0.323	0.326
F 值		299.984**	157.710**	107.391**
ΔR^2		0.284	0.295	0.299
DW		2.051	2.069	2.066

注：*表示 0.05 的显著性水平，**表示 0.01 的显著性水平。

第四节 假设检验结果

本书在第三章共提出 30 个研究假设，经过实证分析得到假设检验结果，具体如表 5-28 所示。其中有 3 个假设不成立，即 H11、H13 和 H14，其他假设均得到数据支持。

表 5-28　假设检验结果汇总

序号	编号	研究假设	检验结果
1	H1	创业意愿对创业行为有正向影响	支持
2	H1a	感知希求性对创业行为有正向影响	支持
3	H1b	感知可行性对创业行为有正向影响	支持
4	H2	创业意愿对创业学习有正向影响	支持
5	H2a	感知希求性对创业学习有正向影响	支持
6	H2b	感知可行性对创业学习有正向影响	支持
7	H3	创业学习对创业行为有正向影响	支持
8	H3a	经验学习对创业行为有正向影响	支持
9	H3b	认知学习对创业行为有正向影响	支持
10	H4	创业学习在创业意愿与创业行为的关系间存在中介效应	支持
11	H4a	经验学习在创业意愿与创业行为的关系间存在中介效应	支持
12	H4b	认知学习在创业意愿与创业行为的关系间存在中介效应	支持
13	H5	创业意愿对创业机会识别有正向影响	支持
14	H5a	感知希求性对创业机会识别有正向影响	支持
15	H5b	感知可行性对创业机会识别有正向影响	支持
16	H6	创业机会识别对创业行为有正向影响	支持
17	H6a	机会盈利性对创业行为有正向影响	支持
18	H6b	机会可行性对创业行为有正向影响	支持
19	H7	创业机会识别在创业意愿与创业行为的关系间存在中介效应	支持
20	H7a	机会盈利性在创业意愿与创业行为的关系间存在中介效应	支持
21	H7b	机会可行性在创业意愿与创业行为的关系间存在中介效应	支持
22	H8	创业学习对创业机会识别有正向影响	支持
23	H9	创业学习与创业机会识别在创业意愿与创业行为的间接影响路径中存在链式二重中介效应	支持
24	H10	创业者特质正向调节创业意愿与创业行为间的关系	支持
25	H11	创业者特质正向调节创业意愿与创业机会识别间的关系	不支持
26	H12	环境不确定性正向调节创业意愿与创业行为间的关系	支持
27	H13	环境不确定性正向调节创业意愿与创业学习间的关系	不支持
28	H14	环境不确定性正向调节创业意愿与创业机会识别间的关系	不支持
29	H15	环境不确定性正向调节创业学习与创业行为间的关系	支持
30	H16	环境不确定性正向调节创业机会识别与创业行为间的关系	支持

假设检验结果表明，创业意愿及其维度（感知希求性和感知可行性）对创业行为具有显著的正向影响，有创业意愿的个人更容易开展创业行为；创业学习及其维度（经验学习和认知学习）对创业行为具有显著的正向影响，不断进行创业学习的人更可能开展创业行为；创业机会识别及其维度（机会盈利性和机会可行性）对创业行为具有显著的正向影响，能够识别出创业机会的人更容易开展创业行为。创业学习和创业机会识别分别在创业意愿与创业行为的关系间存在中介效应，同时创业学习和创业机会识别在创业意愿与创业行为的间接影响路径中存在链式二重中介效应。创业者特质和环境不确定性对创业意愿与创业行为间的关系具有调节作用，但对创业意愿与创业机会识别间关系的调节作用不显著，环境不确定性对创业意愿与创业学习间的关系具有负向调节作用。

第六章

创业意愿与创业行为转化机制的研究结论与展望

本书对现有研究进行分析、总结后构建了创业意愿和创业行为的影响机制模型，提炼了创业学习和创业机会识别这两个中介变量以及创业者特质和环境不确定性两个调节变量，对理论模型进行了实证检验得出研究结论。本书具有一定的创新，对创业者和管理者的实践有一定的启示，但存在一些不足，在未来的研究中将会逐步完善。

第一节 研究结论

本书的研究主要是从创业者个体层面出发，研究创业意愿与创业行为之间的关系，将创业学习和创业机会识别作为中介变量，将创业者特质和环境不确定性作为调节变量，整合了创业意愿、创业学习、创业机会识别与创业行为之间的关系，剖析了创业意愿影响创业行为的作用机制，构建了各个变量之间关系的理论模型，在调查问卷收集数据的基础上利用实证分析方法对数据进行了检验，得出的主要结论如下。

一 创业意愿对创业行为具有显著的正向影响

本书理论分析并实证检验了创业意愿对创业行为具有正向影响。创业意愿对创业行为的重要意义一直得到学术界的普遍认可。如 Shapero 和 Sokol（1982）、Krueger 和 Carsrud（1993）、Shook 等（2003）所构建的创业意愿与创业行为的关系模型。

本书对创业意愿和创业行为的关系进行回归分析检验，结果表明创业意愿对创业行为具有显著的正向影响，创业意愿的两个维度——感知希求性和感知可行性对创业行为均具有正向影响。假设 H1、H1a 和 H1b 得到验证。本书也验证了 Shapero 和 Sokol（1982）等学者所构建的创业意愿和创业行为的模型，阐明了在创业过程中创业意愿所具有的重要作用，具有创业意愿的个人才可能实施创业行为，而且拥有的创业意愿越强烈，开展创业行为的可能性就越大。

具体而言，本书得出了创业意愿的感知希求性和感知可行性对创业行为具有显著的正向影响。比较两个维度的标准化回归系数，我们会发现，感知可行性（$\beta = 0.646$）对创业行为的影响程度明显高于感知希求性（$\beta = 0.490$），这就意味着创业者进行创业行动时更注重感知可行性。也就是说，具有创业意愿的人在进行创业行为时，具有感知可行性创业意愿的人更容易开展创业活动，他们具有的创业意愿更注重创业行为开展的可行性。具有感知希求性创业意愿的人更多注意开展创业行为对他们的吸引程度，比如开展创业行为可以获得更高的社会地位等，个人受到创业事件或创业行为的吸引会产生创业意愿。而具有感知可行性创业意愿的人更务实，他们已经能够评价想要创业的可能性。如果要想提高具有创业意愿的人开展创业行为的比例，应该区分创业意愿的类型，给予具有感知可行性特征的创业者更多扶持，会起到事半功倍的效果。对于创业者而言，基于感知希求性的创业意愿与基于感知可行性的创业意愿主动获取的创业资源也会不同，区分这两类创业意愿，对于创业者本身来讲也可以弥补创业行为过程的先天劣势，从而获得创业成功。

二 创业学习在创业意愿与创业行为关系间的部分中介效应

（一）创业意愿对创业学习具有显著的正向影响

对创业意愿及其维度（感知希求性和感知可行性）与创业学习之间的关系进行回归分析，结果表明创业意愿及其维度均对创业学习具有显著的正向影响。假设 H2、H2a 和 H2b 得到验证。具有创业意愿的人要想创业成功就要不断地充实自己，使自己掌握创业所需的各种知识和技能，创业学习能够帮助创业者收集创业信息，创业者要想将创业意愿转化为创业行为就必须付出努力并采取行动，创业学习是整个创业过程的核心（Venkataraman 和 Macmillan，1997）。创业者的创业意愿越强烈，他们具有的创业欲望越强，越愿意付出更多的努力，掌握更多创业知识的愿望就越强烈，开展创业学习的积极性就越高。因此，创业意愿的强烈程度会影响创业知识获取的努力程度，越强烈的创业意愿越会促使创业学习的开展。

创业意愿的维度——感知希求性和感知可行性对创业学习也具有显著的正向影响，但二者对创业学习的影响差别不大，回归系数分别为 0.534 和 0.538。结果表明，不用区分创业意愿的类型，凡是具有创业意愿的人都会积极地进行创业学习，在学习中获得创业所需的知识，掌握相关的资源，为创业行为的开展做准备。

（二）创业学习对创业行为具有显著的正向影响

创业学习及其维度（经验学习和认知学习）对创业行为具有显著的正向影响。积极开展创业学习的创业者开展创业行为的可能性会更大，假设 H3、H3a 和 H3b 得到验证。创业学习对新创企业的重要作用受到学术界越来越多的重视，Petkova（2009）和 Holcomb 等（2009）都阐述了创业学习能够促进创业行为的产生。创业学习是新创企业的必由之路（Minniti & Bygrave，2001），会激发创业行为的发生。创业学习会帮助创业者掌握创业过程中所学的创业知识和技能，获取创业资源，掌握越多信息的创业者对市场的掌控越自信，越愿意积极开展创业行为，创业学习开展得越深入，对创业行为的促进作用越强。

创业学习的维度——经验学习和认知学习对创业行为具有显著正向影响。具体来看，二者对创业行为的作用差别不大，回归系数分别为 0.517 和 0.513。也就是说，不管是经验学习还是认知学习，都会提升创业者对创业知识的掌握程度，以获取创业资源，促使创业者整合创业资源，促进创业行为的积极开展。

(三) 创业学习的中介效应

创业学习及其维度（经验学习和认知学习）在创业意愿和创业行为的关系间存在部分中介效应。结果验证了假设 H4、H4a 和 H4b。具有创业意愿的个人愿意付出更多的努力进行创业学习，以获取创业过程中所需要的知识和技能。同时创业学习的开展使得创业者不断总结过去的经验、阅读书籍或参加学习班，来完善自身的知识结构，这会促使创业行为的发生。对创业学习付出的努力程度越大，越容易将创业意愿转化为创业行为。创业学习是将创业意愿转化为创业行为的必要手段。本书构建了创业意愿—创业学习—创业行为的关系模型，验证了创业学习在创业意愿和创业行为的关系间存在中介效应，说明有创业意愿的人通过努力地创业学习，对创业行为的开展有积极的影响，创业学习越努力，取得的效果越显著，开展创业行为的可能性越大。

三 创业机会识别在创业意愿与创业行为的关系间存在部分中介效应

(一) 创业意愿对创业机会识别具有显著的正向影响

使用回归分析方法对创业意愿与创业机会识别关系的假设进行检验，结果说明创业意愿及其维度均对创业机会识别具有显著的正向影响。假设 H5、H5a 和 H5b 得到了验证。这也验证了大多数学者的观点，如 Eckhardt 和 Shane (2003)、Shook 等 (2003) 构建的创业意愿与创业机会识别模型。具有创业意愿的人首先要确定自己的创业目标，然后选择并评估创业机会。也就是说，创业意愿对创业机会识别具有重要影响，创业意愿的结果就是基于创业目标进行创业机会的识别，最终进行新企业的创建。创业机会识别是有创业意愿的人运用掌握的知识或资源进行机会识别，并将创业机会真正落实，它也决定了新企业的生存时间和未来发展的潜力。学者们逐渐关注并重视创业意愿与创业机会识别的关系，创业意愿会使潜在的创业者自发地去搜寻有利信息，他们就会接触更多的创业机会，识别与利用创业机会就变得可能，使得新企业在识别创业机会的过程中逐渐被创立（Samuelsson & Davidsson，2009）。

实证研究显示，创业意愿的感知希求性和感知可行性对创业机会识别具有显著的正向影响。本书从创业意愿两种不同方式出发，借鉴了现有研究成果，验证了创业意愿两个维度对创业机会识别具有显著正向影响。这说明了感知希求性和感知可行性都会促使潜在创业者进行创业机会识别。具有感知希求性创业意愿的人受到创业的吸引，会自觉地进行创业信息的收集和整合，来获取新知识、新技能和新信息，这些都会提升创业机会识别的可能性。具有感知可行性创业意愿的人会主动调研市场的信息，掌握第一手资源，来方便捕获稍纵即逝的创业机会。拥有创业意愿的人在拥有的先前经验和专业知识的帮助下，借助个人社会关系得到更多创业机会。

（二）创业机会识别对创业行为具有显著的正向影响

本书结果验证了创业机会识别及其维度（机会盈利性和机会可行性）对创业行为具有显著的正向影响。具有创业机会识别能力的人能够较好地预测创业行为。创业机会识别能力较强的人或已经识别出创业机会的人较可能进行创业行为。结果验证了假设 H6、H6a 和 H6b。这也验证了 Dutton 和 Jackson（1987）、Shook 等（2003）和林嵩等（2005）创建的创业机会识别和创业行为模型。创业过程由创业意愿作为起点，然后开始搜寻并识别创业机会，直至新企业创建完成。识别出创业机会的人更能促使自己开展创业行为。

进一步比较创业机会识别的维度——机会盈利性、机会可行性对创业行为的影响，机会可行性对创业行为的影响稍大一些（$\beta = 0.645$），机会盈利性对创业行为的影响稍小一些（$\beta = 0.607$），识别出的创业机会无论是盈利性的还是可行性的都会对潜在创业者开展创业行为产生积极的影响。潜在创业者如果倾向识别可行性的创业机会，意味着他寻找的创业机会是很容易操作的，创业机会转化为创业行为也是可行的，可行性的创业机会可以提升创业行为开展的可能性。如果创业者更愿意识别盈利性的创业机会，就表明他识别出来的创业机会可以带来巨大财富，满足他对创业的期望。因此无论是盈利性的创业机会，还是可行性的创业机会，一旦被创业者识别出来，很可能会被转化为创业行为，以创建新企业。

（三）创业机会识别的部分中介效应

创业机会识别在创业意愿与创业行为的关系间存在部分中介效应。创业机会识别的维度——机会盈利性和机会可行性在创业意愿与创业行为的关系间存在部分中介效应。创业意愿对创业行为的影响可以通过创业机会识别来实现。假设 H7、H7a 和 H7b 得到验证。该结论与大多数学者的观点保持一致。

创业者是识别创业机会，并创建组织来实现创业机会的人（Bygrave & Minniti，2000）。实际创业操作的过程就是发现、评估、利用机会（Shane & Venkataraman，2000）。本书研究结果说明，创业意愿既可以对创业行为产生直接正向影响，又可以通过创业机会识别对创业行为产生间接正向影响。机会可行性在创业意愿和创业行为的关系间存在部分中介效应，也说明创业者在进行机会识别时更注重创业机会的可行性因素。本书从创业机会识别这一视角，对创业意愿与创业行为关系的作用机制进行了探索与分析。

创业者一旦有了创业的想法，就会为创业行为的开展做准备，首先要获取创业所需的知识、技能和其他资源，利用所掌握的资源在市场上寻找创业机会。如果没有寻找到可行的或可盈利的创业机会，创业者很难开展创业行为。而创业机会一旦被识别出来，创业行为的开展就变得很有可能了。可行性机会识别和盈利性机会识别虽然在识别机会的方式上有所不同，但在创业意愿与创业行为的关系间存在的中介效应是类似的，都会促进创业者将创业意愿转变为创业行为，实现新企业的创建。

四　创业学习与创业机会识别在创业意愿与创业行为的间接影响路径中存在链式二重中介效应

Bootstrap 分析验证了创业学习对创业机会识别具有显著正向影响，假设 H8 得到验证。同时创业学习与创业机会识别在创业意愿与创业行为的间接影响路径中存在链式二重中介效应，假设 H9 得到验证。虽然创业学习和创业机会识别在创业意愿与创业行为的关系间存在双重中介效应，但创业学习与创业机会识别并不是孤立的，二者之间具有密切的关系。创业者具有创业意愿后就要为实现创业的目标而付诸努力，其中最首要的就是进行机会的搜寻和识别，而创业学习无疑会为创业者的机会识别提供更多的信息和资源，加速机会识别，从而促进创业行为的开展。

五　创业者特质的调节作用

回归分析验证了创业者特质的调节作用，结果说明创业者特质对创业意愿与创业行为之间的关系有显著的正向调节作用，假设 H10 得到验证。这表明创业者的个体特征可以影响创业意愿和创业行为。具体的创业者特质有成就动机、风险承担性、内控制源及模糊容忍度。个体如果具备这几种创业者特质，他们就会更愿意承担创业过程中的风险、在不确定的或模糊的环境中寻找创业机会、有很强的自控能力、享受创业带来的成就感，这些都会促使创业者进行创业行为。而那些具有创业意愿的个体，如果不具备创业者特质，开展创业行为的可能性就会较小。从创业者个人来讲，他们要了解自己所具有的创业者特质，不具备的方面要通过其他方面的努力进行弥补。而从政策扶持机构的角度来看，其扶持的创业者应该是具有创业者特质的个体，这些个体的创业成就动机更强烈，更愿意承担创业风险，也会更愿意寻找创业机会，从而更可能完成创业行为。

实证结果表明，创业者特质对创业意愿与创业机会识别之间关系的调节作用不显著，假设 H11 未通过验证。意愿会促使行为人对某种行为自发地搜寻有利于实现目标的信息（Katz & Gartner, 1988）。具有创业意愿的行为人，目标是进行创业行为，因此会为完成创业行为自发地收集实现创业目标所需的信息，而这个信息就是创业机会。同时，意愿是建立在理性思维和直觉思维基础上的（Bird, 1988）。直觉思维会使意愿行为人自觉地去寻找有利于行为人开展目标行为的信息。因此具有创业意愿的行为人就会自发地去搜寻和识别创业机会。对于创业者来讲，他们的特质并不影响创业意愿而是自发地去搜寻和识别创业机会，因此创业者特质对创业意愿与创业机会识别的关系的调节作用不显著。

六 环境不确定性的调节作用

实证结果表明，环境不确定性对创业意愿与创业行为的关系、创业学习与创业行为的关系和创业机会识别与创业行为的关系起显著的正向调节作用。假设 H12、H15 和 H16 得到验证。创业的过程包含较多不确定性因素，创业者对不确定性的迅速反应是创业行为成功的必要条件之一。对不确定性的理解和应对能力以及迅速抉择使得不确定性增加了创业行为的诱惑力，不确定性是创业的根本（Schumpeter, 1934; Kirzner, 1979; Baumol, 1993）。在不确定性情况下做决策是创业的本质（McGrath et al., 2000）。

在稳定的市场环境中，创业者获得的信息大体相同，而所有创业者都能感知到的创业机会就没有开发的价值。当不确定性出现的时候，不同的创业者由于掌握的知识结构、经验背景和反应速度的差异，对不确定的环境甄别后，会识别出不同的创业机会。环境不确定性越高，创业者获得的异质性信息就越多，越容易利用所掌握的复杂信息开展创业行为。因此，环境不确定性对创业意愿与创业行为的关系、创业学习与创业行为的关系、创业机会识别与创业行为的关系具有正向的调节作用。

经过回归分析发现，环境不确定性对创业意愿与创业学习之间的关系起负向调节作用，假设 H13 不成立。这表明具有创业意愿的人在不受环境影响的情况下，会积极地进行创业学习，为完成创业行为而逐渐付诸实践，但是环境不确定性也减弱了创业者创业学习的热情。创业者在只有创业想法的时候，如果没有掌握较多的创业知识或信息，就无法预知未来创业的状况，尤其当环境不确定性程度越高时，创业者对未来的把握越不准确，他们会处于观望状态，因而也很可能不会去进行创业学习，即创业环境的不确定性越高，创业者创业学习的热情越弱。

实证结果表明，环境不确定性对创业意愿与创业机会识别之间关系的调节作用不显著，假设 H14 未通过验证。而在加入了创业意愿与环境不确定性的乘积项的回归模型中，创业意愿对创业机会识别仍然具有显著正向作用，表明无论环境不确定性存在与否，创业意愿都会促进创业机会识别，具有创业意愿的人都会积极地去开展创业机会的识别工作，发现、评估、利用机会是实际创业操作的主要特征（Shane & Venkataraman, 2000）。因此，不管环境是否处于不确定性中，创业者都会进行创业机会识别，环境不确定性在创业意愿与创业机会识别之间的调节作用不显著。

以上就是本书的研究结论。研究结论来自对创业意愿、创业学习、创业机会识别和创业行为之间关系的理论分析和实证检验，这为进一步推动创业者的创业行为、促进创业活动开展提供一定的参考依据。

第二节 研究启示

一 研究的理论贡献

（1）本书充实了创业行为的相关研究，进一步完善了创业意愿对创业行为的影响机制的研究。创业意愿对创业行为的影响过程相对复杂，现有的研究更多地关注了创业意愿与创业绩效的关系，或者对创业者的前置影响因素进行了剖析，而从创业意愿视角出发来促进创业者创业行为发生的研究相对较少。本书以具有创业意愿的个体作为研究对象，分析了创业意愿对创业行为的影响，并解析了创业意愿是如何影响创业行为的，厘清了创业意愿、创业机会识别和创业学习对创业行为的影响路径，并识别出创业者特质和环境不确定性对创业行为的调节作用。基于此本书构建了"创业意愿—创业行为"研究框架,并运用数据进行了实证检验,丰富了创业行为的前置变量研究,为创业行为的研究提供了新的切入点。

(2) 本书探寻出创业学习和创业机会识别的中介效应。现有研究对创业意愿对创业行为的影响进行了理论分析,较少研究运用实证分析方法探查创业意愿对创业行为的影响机制。本书结合创业过程中创业学习和创业机会识别的重要作用,将创业学习和创业机会识别当作中介变量,用来解释创业意愿对创业行为的影响机制。具有创业意愿的人,要想完成创业行为,建立竞争优势,就要通过创业学习和创业机会识别的中介效应,也就是说,创业者在创业过程中持续地进行创业学习和不断地进行创业机会识别,对创业行为发生的进程有重要的推进作用,该发现拓宽了创业学习和创业机会识别的研究范围。

(3) 本书识别出创业者特质和环境不确定性的调节作用。通过理论分析和实证研究,本书识别出创业者在创业过程中会受到自身的特征和环境的影响,这两个变量更贴近创业者自身的实际情况。本书在关注环境因素的同时,将创业者自身的特点考虑进来,研究"创业意愿—创业机会识别、创业学习—创业行为"模型,为创业行为的研究提供了新的视角,扩展了创业意愿、创业机会识别、创业学习和创业行为的关系研究,为创业者参与创业活动提供了理论参考,为未来的创业研究提供了理论依据。

二 研究的实践启示

创业活动能够促进一个国家或地区的经济发展,并能够提供就业岗位,为社会稳定和经济发展做出相当大的贡献。在国家倡导、全民参与的创业活动中,新创企业及创业者的一系列问题引起社会各界的广泛关注。通过对现有文献的梳理,本书着重对创业行为的现象进行了分析,同时将创业意愿、创业机会识别、创业学习和创业行为之间的关系进行整合,将创业者特质和环境不确定性纳入其中,构建了本书的理论框架模型,并进行了实证检验。本书会给关注创业的个体和创业扶持机构及政策制定部门的管理者提供一定的启示和思考。

(一) 重视创业意愿在创业活动中的影响

行为学研究告诉我们，意愿是行为的必要前提，与其他影响因素相比，意愿能更好地解释行为。一般情况下，个体的意愿越强烈，越可能执行某种行为，也就是说，越强烈的意愿致使行为发生的可能就越大。对于创业者而言，创业的目的是想提升自身的社会地位和声望，满足自身的成就需要，通过财富的创造来得到家人和社会的认同，在这种导向的推动下，具有创业意愿的个体更可能开展创业活动。既然创业意愿对创业行为具有非常重要的预测作用，对创业意愿的研究与识别就变得十分重要了。因此政策扶持部门应注重对创业者创业意愿的培养，一旦个体具有创业意愿，创业行为的发生就会变得可能。

进一步讲，从创业意愿的两个维度来看，感知希求性从创业者自身的角度描述了创业意愿在整个创业活动中的作用，而感知可行性从外部影响因素的角度阐述了角色模型、创业伙伴、创业指导者等对于开展创业的影响。实证分析表明，两个不同维度的创业意愿均会促进创业行为的发生，但感知可行性对于创业行为的促进作用更大一些。因此，对于一名创业者而言，要想具备创业者的素质，就要培养自己的创业者精神，不断地获取有利于开展创业的各种资源。创业扶持部门在寻找可扶持的创业者时，可以挑选那些具有感知可行性创业意愿的人，这样可以促进创业行为的开展。

(二) 关注创业学习和创业机会识别的重要作用

创业研究的机会理论认为，创业的过程是一系列机会的识别与开发的过程，创业研究的核心问题就成为创业机会的识别与开发的研究。创业者要想创业，就必须进行创业机会的识别，并将有价值的创业机会转化为创业的实际行动，最终创建新企业。创业机会的识别要依据创业认知的程度，主要任务在于筛选合适的创业机会。创业者对创业机会识别的能力越强，就代表他们的创业认知能力越强，他们就越会识别出创业机会的盈利性或可行性。如果创业者识别出某一个创业机会具有较高的盈利性，这个机会对创业者的吸引力就很大，就会促使创业者为了较高的利润而去创业。如果创业者能够识别出具有可行性的创业机会，在创业意愿的驱使下，创业者也会将可行的创业机会转化为创业行为。无论是盈利性的创业机会还是可行性的创业机会，都会受到创业者认知的影响，这个过程需要分析和判断。创业者要想在创业过程中识别出可行性或盈利性的创业机会，就要不断地培养自己认知方面的能力，在稍纵即逝的市场机会出现时能够快速做出反应，为创业行为的开展积累重要资源。

创业学习的努力程度会影响创业行为的开展，在具有创业意愿的人中，那些努力学习并不断积累经验的创业者，开展创业行为的可能性会大于那些没有开展创业学习的创业者。创业者要想识别创业机会或顺利开展创业行为，必须拥有创业所需的知识、技能和信息，这些资源的获取要通过创业学习来实现。因此创业者要想创业成功，必须付出更多的努力，在创业的过程中要持续学习，以掌握足够的资源，为创业行为的开展做好知识储备。创业扶持机构也要开设各种创业辅导课程或研讨班，为创业者提供最专业的辅导。

（三）了解创业者特质并关注外部环境的影响

创业者特质很好地解释了哪些人会成为创业者而其他人则不会，创业者特质对创业意愿和创业行为的关系起到正向的调节作用。具有创业者特质的个体更愿意承担风险，会更愿意在不确定的环境中寻找出可行的创业机会，也更能控制自己的行为。那些缺乏创业者特质的个体如果想要创业成功，就要不断地培养自己及团队成员的创业者特质，只有具有创业者特质，创业行为的开展才能更顺利，才能为达成自己的创业目标更进一步。创业机构在选择创业者或创业团队时，创业者特质也要成为需要考核的因素之一，具有创业者特质的创业者更容易开展创业行为，创业成功的可能性更大一些。

环境不确定性作为调节变量，显著正向影响创业意愿、创业学习、创业机会识别与创业行为的关系。环境不确定性作为权变因素在创业研究中受到广泛的关注，环境对于初始创业者的影响更值得关注。有学者认为环境不确定性能减弱创业行为的效果（Birkinshaw，1999），给创业者带来消极影响，在一定程度上会影响创业行为的开展。但随着整个社会进入"大众创业、万众创新"的新态势，政府政策为创业者提供了很多便利，创业活动如火如荼地开展起来，创业者更关注新的市场机会，时刻关注市场和技术的发展与变革，变化的市场环境会产生信息不对称，信息不对称会为创业者提供大量的创业机会。创业者也要紧随时代步伐，科技日新月异，经济景象一片繁荣，创业者掌握了新的知识就会更容易从不确定的市场环境中区别出有用的创业机会，为创业活动的开展做好准备。创业者还要了解市场需求的变化和消费者偏好的改变，了解环境不确定性的影响，明确自己的创业目标，逐渐形成竞争优势，完成创业行为。

第三节 研究局限性与未来研究展望

一 本研究存在的局限性

本书对创业意愿和创业行为的关系进行了分析，识别出创业机会识别和创业学习两个中介变量，创业者特质和环境不确定性两个调节变量，构建了理论模型，并进行了实证检验。由于在研究过程中受到个人能力或条件的限制，本研究存在一些不足，在未来的研究中仍然需要进一步完善。

首先，研究模型还可能受到其他因素的影响，需要继续探索其他变量。创业意愿对创业行为的影响机制除了创业学习和创业机会识别这两个中介变量、创业者特质和环境不确定性这两个调节变量外，还可能有其他的影响因素，如创业承诺、资源整合、社会网络等，未来的研究要进一步完善创业意愿对创业行为的影响机制。

其次，本研究采用的是创业者某一时刻静态的数据，其实证研究结果也是依据创业者某一时刻的想法和感受得出的，而创业活动是一个复杂的动态过程，某一时刻的静态数据可能不会很完全地反映创业意愿对创业行为的作用机制，对研究结果的客观性和准确性也会有一定影响。

再次，本研究没有探讨不同创业群体的适用性。本研究以全部创业者作为调查对象进行研究，而目前大学生群体和农民工群体是创业的主力军，这两类群体有着不同的生活背景，掌握不同的知识体系，在创业学习和创业机会识别方面一定会有较大的差异，因此如果进一步研究创业意愿对创业行为的影响机制，应区分不同的群体进行研究，这样可能会得到不同的结论，以丰富创业行为的研究。

最后，本研究的样本需进一步完善。在调查问卷的发放过程中，要注意样本的分布范围，各个省份之间的数量分布尽量做到均衡，后续研究中需要继续扩大样本量，并注意抽样方法的应用。另外，不同的经济发展区域也使得不同区域的创业者对创业活动的想法产生差异，因此，分区域研究也是今后要继续研究的方向之一。

二 未来研究展望

由于本研究存在一定的局限性，未来的研究方向就是要弥补之前研究的不足，为创业意愿和创业行为的研究提供更多的参考。

第一，不断完善研究的理论模型，探索其他的中介变量和调节变量。虽然本研究认为创业意愿对创业行为产生作用是通过识别创业机会和创业学习来实现的，但是创业承诺、资源整合、社会网络等可能也会影响创业意愿对创业行为的作用关系。此外还可能存在其他的调节变量，如环境的其他特征。因此，在未来的研究中要尽可能将更多的变量加入"创业意愿—创业行为"的理论模型，不断充实创业意愿对创业行为的影响机制。

第二，完善样本的选取，并区分不同的样本群体和区域差异进行分析。后续研究要扩大样本的数量，并采用合适的抽样方法使不同区域的样本数量趋于均衡，对有创业意愿的人进行追踪，完善动态样本的选取。数据的分析要按照不同的群体进行，以获取更符合创业者特质的数据，使研究结果更有说服力。同时将不同区域的创业状况进行比较，有利于区分不同区域创业的差异，创业状况落后的区域可以借鉴创业状况良好区域的经验。

参考文献

包凤达、翁心真：《多元回归分析的软件求解和案例解读》，《数理统计与管理》2000年第5期。

边燕杰：《城市居民社会资本的来源及作用：网络观点与调查发现》，《社会科学研究》2004年第3期。

边燕杰、丘海雄：《企业的社会资本及其功效》，《中国社会科学》2000年第2期。

边燕杰：《找回强关系：中国的间接关系、网络桥梁和求职》，《国外社会学》1998年第2期。

卜长莉：《社会资本的负面效应》，《学习与探索》2006年第2期。

蔡莉、崔启国、史琳：《创业环境研究框架》，《吉林大学社会科学学报》2007年第1期。

蔡莉、单标安、汤淑琴：《创业学习研究回顾与整合框架构建》，《外国经济与管理》2012年第5期。

蔡莉、汤淑琴、马艳丽、高祥：《创业学习、创业能力与新企业绩效的关系研究》，《科学学研究》2014年第8期。

蔡永鸿、宋彦：《国外关于企业成长理论的重点综述》，《辽宁工学院学报》（社会科学版）2007年第2期。

常红锦、仵永恒：《网络异质性、网络密度与企业创新绩效——基于知识资源视角》，《财经论丛》2013年第6期。

陈爱娟、常花、王小翠：《企业家社会资本对企业绩效的实证研究——

以浙江民营企业为例》,《软科学》2010 年第 8 期。
陈海涛:《创业机会开发对新创企业绩效的影响研究》,博士学位论文,吉林大学,2007。
陈浩义:《基于信息资源视角的创业机会识别过程研究》,《情报科学》2008 年第 9 期。
陈劲、李飞宇:《社会资本:对技术创新的社会学诠释》,《科学学研究》2001 年第 3 期。
陈琦、曹兴:《企业成长理论述评》,《湘潭大学学报》(哲学社会科学版) 2008 年第 3 期。
陈钦约:《基于社会网络的企业家创业能力和创业绩效研究》,博士学位论文,南开大学,2010。
陈爽英、井润田、龙小宁、邵云飞:《民营企业家社会关系资本对研发投资决策影响的实证研究》,《管理世界》2010 年第 1 期。
陈文婷、何轩:《家族社会资本与创业机会识别问题探讨》,《外国经济与管理》2008 年第 10 期。
陈文婷、李新春:《中国企业创业学习:维度与检验》,《经济管理》2010 年第 8 期。
陈震红、董俊武:《创业机会的识别过程研究》,《科技管理研究》2005 年第 2 期。
程聪:《战略生态、制度创业和新创企业成长关系研究》,博士学位论文,浙江工业大学,2013。
程鹏:《外部环境与组织柔性对企业创新模式选择的影响研究》,北京:中国林业出版社,2009。
崔祥民:《产业集群内创业者社会资本对创业机会价值影响研究》,博士学位论文,江苏大学,2011。
邓家益:《个人创业者特质研究——以创飞学校为例》,硕士学位论文,西南财经大学,2006。
丁铎:《首都大学生创业意向影响因素研究》,硕士学位论文,北京邮电大学,2015。

董俊武、黄江圳、陈震红:《基于知识的动态能力演化模型研究》,《中国工业经济》2004年第2期。

杜海东:《社会资本和组织学习对绩效的影响——基于中国新创企业的实证研究》,《技术经济与管理研究》2012年第9期。

〔法〕亨利·法约尔:《工业管理与一般管理》,周安华译,北京:中国社会科学出版社,1982。

范巍、王重鸣:《创业意向维度结构的验证性因素分析》,《人类工效学》2006年第1期。

方杰、张敏强、邱皓政:《中介效应的检验方法和效果量测量:回顾与展望》,《心理发展与教育》2012年第1期。

方琦璐:《创业机会识别、战略导向与新创企业绩效》,硕士学位论文,浙江大学,2013。

方世建、秦正云:《创业过程中的企业家机会发现研究》,《外国经济与管理》2006年第12期。

方世建、杨双胜:《国外创业学习研究前沿探析与未来展望》,《外国经济与管理》2010年第5期。

房路生:《企业家社会资本与创业绩效关系研究》,博士学位论文,西北大学,2010。

冯文娜:《网络对企业成长影响的实证研究》,博士学位论文,山东大学,2008。

付宏:《中国新创企业成长轨迹的实证研究》,北京:科学出版社,2013。

高明明:《创业警觉性、创造性思维与创业机会识别关系研究——基于吉林省地区中小企业实证研究》,硕士学位论文,吉林大学,2012。

葛晓丽:《高技术企业的模仿创新研究》,硕士学位论文,河海大学,2007。

耿新:《企业家社会资本对新创企业绩效影响研究》,博士学位论文,山东大学,2008。

耿新、张体勤:《企业家社会资本对组织动态能力的影响——以组织宽裕为调节变量》,《管理世界》2010 年第 6 期。

官建成、史晓敏:《技术创新能力和创新绩效关系研究》,《中国机械工程》2004 年第 11 期。

郭红东、周惠珺:《先前经验、创业警觉与农民创业机会识别——一个中介效应模型及其启示》,《浙江大学学报》(人文社会科学版) 2013 年第 4 期。

郭毅、朱熹:《国外社会资本与管理学研究新进展——分析框架与应用述评》,《外国经济与管理》2003 年第 7 期。

郭毅、朱熹:《企业家的社会资本——对企业家研究的深化》,《外国经济与管理》2002 年第 1 期。

何毅:《企业成长理论中吉布莱特定律研究述评》,《现代管理科学》2012 年第 9 期。

贺小刚、沈瑜:《基于企业家团队资本视角的新创企业成长理论探析》,《外国经济与管理》2007 年第 12 期。

胡望斌、张玉利、牛芳:《我国新企业创业导向、动态能力与企业成长关系实证研究》,《中国软科学》2009 年第 4 期。

胡晓娣:《社会资本对创业机会识别的影响机理研究》,《生产力研究》2009 年第 20 期。

黄洁:《基于创业者社会资本的农村微型企业创业研究》,博士学位论文,华中农业大学,2010。

黄金睿:《环境特性、创业网络对创业机会识别的影响研究——以服务业为例》,博士学位论文,吉林大学,2010。

姜爱军:《中国东北地区中小企业网络嵌入性、动态能力与企业成长关系研究》,博士学位论文,吉林大学,2012。

蒋春燕、赵曙明:《公司企业家精神制度环境的地区差异——15 个国家高新技术产业开发区企业的实证研究》,《经济科学》2010 年第 6 期。

金明:《消费者品牌钟爱与品牌忠诚:以品牌敏感为中介》,《商业经济与管理》2012 年第 8 期。

李大元、项保华、陈应龙：《企业动态能力及其功效：环境不确定性的影响》，《南开管理评论》2009年第6期。

李健：《企业家社会资本与企业绩效——市场效能导向战略的中介效应研究》，南京大学，2010。

李明华：《创业型领导对创业绩效的影响：创业效能感的调节作用》，硕士学位论文，浙江大学，2011。

李沛良：《社会研究的统计应用》，北京：社会科学文献出版社，2002。

李随成、张哲：《中小企业知识资本与企业成长》，《统计与决策》2007年第2期。

李雯：《创业行为形成机理：感知合意性与感知可行性的交互效应》，《管理学报》2013年第9期。

李霞、盛怡、毛雪莲：《社会资本对企业创业导向和创业绩效的中介效应》，《经营与管理》2007年第6期。

李业：《企业成长的系统思考》，《系统辩证学学报》1999年第2期。

李占祥、杨杜：《国外企业管理学的历史演变与新动向》，《中国人民大学学报》1995年第4期。

李正卫：《动态环境条件下的组织学习与企业绩效》，博士学位论文，浙江大学，2003。

李政：《企业成长的机理分析》，北京：经济科学出版社，2005。

林嵩：《创业机会识别的过程解构与机制探讨》，《技术与创新管理》2010年第3期。

林嵩、姜彦福、张帏：《创业机会识别：概念、过程、影响因素和分析架构》，《科学学与科学技术管理》2005年第6期。

刘佳、李新春：《创业机会开发：理论前沿与研究动态》，《学术界》2013a年第12期。

刘佳、李新春：《模仿还是创新：创业机会开发与创业绩效的实证研究》，《南方经济》2013b年第10期。

刘璐：《企业外部网络对企业绩效影响研究：基于吸收能力视角》，博士学位论文，山东大学，2009。

刘兴国、沈志渔、周小虎:《社会资本对创业的影响研究》,《中国科技论坛》2009a 年第 4 期。

刘兴国、沈志渔、周小虎:《社会资本对我国民营企业创业行为的影响》,《经济管理》2009b 年第 6 期。

刘学军:《企业可持续成长能力及其机制要素框架探讨》,《科技广场》2006 年第 3 期。

卢东琴:《灾后小微企业社会网络对创业绩效影响研究》,硕士学位论文,西南财经大学,2013。

卢纹岱:《SPSS for Windows 统计分析》(第 2 版),北京:电子工业出版社,2002。

卢谢峰、韩立敏:《中介变量、调节变量与协变量——概念、统计检验及其比较》,《心理科学》2007 年第 4 期。

吕淑丽、陈荣耀、刘海峰:《企业技术创新的综合研究模型:企业家、社会资本和知识》,《科技进步与对策》2009 年第 7 期。

吕淑丽:《企业家社会资本对技术创新绩效的影响》,《情报杂志》2010 年第 5 期。

〔美〕C. 格鲁特尔特、T. 范·贝斯特纳尔编《社会资本在发展中的作用》,黄载曦、杜卓君、黄治康译,成都:西南财经大学出版社,2004。

〔美〕Uma Sekaran:《企业研究方法》,祝道松、林家五译,北京:清华大学出版社,2005。

〔美〕爱迪斯:《企业生命周期》,赵睿译,北京:华夏出版社,2004。

〔美〕安尼鲁德·克里希那:《创造与利用社会资本》,张慧东等译,北京:中国人民大学出版社,2005。

〔美〕安索夫:《新公司战略》,曹德骏等译,成都:西南财经大学出版社,2009。

〔美〕林南:《社会资本——关于社会结构与行动的理论》,张磊译,上海:上海人民出版社,2005。

〔美〕罗伯特·D. 帕特南:《独自打保龄——美国社区的衰落与复兴》,

刘波等译，北京：北京大学出版社，2011。

〔美〕罗伯特·D. 帕特南：《使民主运转起来》，王列、赖海榕译，南昌：江西人民出版社，2001。

〔美〕托马斯·福特·布朗：《社会资本理论综述》，木子西编译，《马克思主义与现实》2000年第2期。

〔美〕詹姆斯·S. 科尔曼：《社会理论的基础》，邓方译，北京：社会科学文献出版社，2008。

苗莉：《基于企业内创业的企业持续成长研究》，《财经问题研究》2005年第2期。

苗青：《基于规则聚焦的公司创业机会识别与决策机制研究》，博士学位论文，浙江大学，2006。

彭海军：《创业机会类型、环境感知与创业绩效研究》，硕士学位论文，东北财经大学，2010。

钱锡红、徐万里、李孔岳：《企业家三维关系网络与企业成长研究——基于珠三角私营企业的实证》，《中国工业经济》2009年第1期。

屈燕妮、孙晓光：《新创企业成长要素分析及启示》，《商业时代》2012年第4期。

单标安、蔡莉、鲁喜凤、刘钊：《创业学习的内涵、维度及其测量》，《科学学研究》2014年第12期。

单标安：《基于中国情境的创业网络对创业学习过程的影响研究》，博士学位论文，吉林大学，2013。

尚泉泉：《社会资本、资源整合能力与新创企业绩效之间关系的研究》，硕士学位论文，南京财经大学，2011。

石军伟、胡立君、付海艳：《企业社会资本的功效结构：基于中国上市公司的实证研究》，《中国工业经济》2007年第2期。

石秀印：《中国企业家成功的社会网络基础》，《管理世界》1998年第6期。

舒睿：《创业者关系社会资本对创业机会识别与开发的影响研究》，硕士学位论文，中南大学，2012。

宋中英:《论社会资本概念的分类及其意义》,《齐鲁学刊》2011 年第 1 期。

苏晓艳:《社会资本、国际市场知识与新创企业国际化绩效》,《国际商务》(对外经济贸易大学学报) 2013 年第 3 期。

汤亚玲:《温州创业投资发展环境及优化对策研究》,硕士学位论文,浙江大学,2010。

田莉、龙丹:《创业过程中先前经验的作用解析——最新研究成果评述》,《经济理论与经济管理》2009 年第 11 期。

屠佳:《创业警觉性对创业机会识别的影响研究》,硕士学位论文,西南交通大学,2012。

汪浩瀚:《经济学方法论的确定性与不确定性之争》,《江西社会科学》2003 年第 2 期。

汪建、赵驰、周勤:《基于创新驱动的企业成长研究综述》,《江苏社会科学》2012 年第 4 期。

汪轶:《知识型团队中成员社会资本对知识分享效果作用机制研究》,博士学位论文,浙江大学,2008。

王朝云:《创业机会的内涵和外延辨析》,《外国经济与管理》2010 年第 6 期。

王栋、陈永广:《企业家社会资本对创业企业成功的影响分析》,《科学管理研究》2010 年第 2 期。

王皓白:《社会创业动机、机会识别与决策机制研究》,博士学位论文,浙江大学,2010。

王弘钰:《劳务派遣工的组织公平、组织认同与工作绩效关系研究》,博士学位论文,吉林大学,2010。

王巧然、陶小龙:《创业者先前经验对创业绩效的影响——基于有中介的调节模型》,《技术经济》2016 年第 6 期。

王天力:《隐性知识获取、吸收能力与新创企业创新绩效关系研究》,博士学位论文,吉林大学,2013。

王晓文、张玉利、李凯:《新企业生成过程中社会资本来源及转化路径研究》,《软科学》2009 年第 3 期。

王旭、朱秀梅:《创业动机、机会开发与资源整合关系实证研究》,《科研管理》2010 年第 5 期。

王艳茹:《中国创业型经济的发展及挑战》,KAB 创业教育年会暨首届大学生创业教育论坛论文集,2009。

王益谊、席酉民、毕鹏程:《组织环境的不确定性研究综述》,《管理工程学报》2005 年第 1 期。

王永友:《创业教育实践体系的基本框架构建》,《黑龙江高教研究》2004 年第 11 期。

王宇:《企业外部环境驱动下的战略变化及其绩效的关联性研究》,博士学位论文,西南财经大学,2009。

王玉帅、尹继东:《创业者:定义的演化和重新界定》,《科技进步与对策》2009 年第 10 期。

韦影:《企业社会资本对技术创新绩效的影响:基于吸收能力的视角》,博士学位论文,浙江大学,2005。

韦影:《企业社会资本与技术创新:基于吸收能力的实证研究》,《中国工业经济》2007 年第 9 期。

温忠麟、张雷、侯杰泰、刘红云:《中介效应检验程序及其应用》,《心理学报》2004 年第 5 期。

邬爱其:《集群企业网络化成长机制研究——对浙江三个产业集群的实证研究》,博士学位论文,浙江大学,2004。

吴明隆:《结构方程模型——AMOS 的操作与应用》(第 2 版),重庆:重庆大学出版社,2010。

吴明隆:《结构方程模型:AMOS 的操作与应用》,重庆:重庆大学出版社,2009。

吴明隆:《问卷统计分析实务:SPSS 操作与应用》,重庆:重庆大学出版社,2010。

夏冬、程家明:《创新型企业的产权激励:基于创新资源均衡的分析》,《技术经济与管理研究》2005 年第 5 期。

夏清华：《新创企业的成长：产业机会、行为资源与创业学习》，《经济管理》2008 年第 3 期。

夏清华、易朝辉：《不确定环境下中国创业支持政策研究》，《中国软科学》2009 年第 1 期。

肖冬平、王春秀：《社会资本研究》，昆明：云南大学出版社，2013。

谢洪明、冯建新、程聪：《网络中心性对技术创新的影响：知识流出的视角》，《技术经济》2011 年第 7 期。

谢雅萍、黄美娇：《社会网络、创业学习与创业能力——基于小微企业创业者的实证研究》，《科学学研究》2014 年第 3 期。

徐静、茅宁：《创业者主观性、异质资本与创业判断——基于主观创业理论的分析》，《科学学与科学技术管理》2010 年第 8 期。

徐奇：《社会资本对新创企业把握创业机会能力的影响研究》，硕士学位论文，复旦大学，2005。

徐亚平：《创业学习对创业机会识别的影响机制研究》，硕士学位论文，浙江大学，2011。

徐英吉、徐向艺：《企业持续成长的创新理论——技术创新与制度创新协同的经济学分析》，《山西财经大学学报》2007 年第 9 期。

薛永基、马奔：《集体林权改革后林区农民创业意向影响因素的实证研究——个体特征与环境认知视角》，《林业经济问题》2014 年第 1 期。

薛永基、翟祥：《资源获取预期对林农创业意向影响的实证研究——个体心理特征的中介作用》，《农业技术经济》2012 年第 7 期。

闫丽平：《时间维度视角下创业行为的动态特征——成因分析与实证研究》，《经济与管理》2013 年第 6 期。

杨波、熊中楷：《新创企业成长要素分析及成长模型构建》，《现代管理科学》2010 年第 7 期。

杨德林、陈春宝：《模仿创新、自主创新与高技术企业成长》，《中国软科学》1997 年第 8 期。

杨杜：《企业成长论》，北京：中国人民大学出版社，1996。

杨国枢、黄光国、杨中芳：《华人本土心理学》，重庆：重庆大学出版社，2008。

杨静、王重鸣：《创业机会研究前沿探析》，《外国经济与管理》2012年第5期。

杨俊：《基于创业行为的企业家能力研究——一个基本分析框架》，《外国经济与管理》2005年第4期。

杨俊：《社会资本、创业机会与新企业初期绩效》，天津：南开大学出版社，2013。

杨俊、张玉利：《基于企业家资源禀赋的创业行为过程分析》，《外国经济与管理》2004年第2期。

杨俊、张玉利：《社会资本、创业机会与创业初期绩效理论模型的构建与相关研究命题的提出》，《外国经济与管理》2009年第10期。

杨俊、张玉利、杨晓非、赵英：《关系强度、关系资源与新企业绩效——基于行为视角的实证研究》，《南开管理评论》2009年第4期。

姚小涛、张田、席酉民：《强关系与弱关系：企业成长的社会关系依赖研究》，《管理科学学报》2008年第1期。

尹苗苗、刘玉国：《新企业战略倾向对创业学习的影响研究》，《科学学研究》2016年第8期。

〔英〕阿尔弗雷德·马歇尔：《经济学原理》，彭逸林等译，北京：人民日报出版社，2009。

〔英〕亚当·斯密：《国富论》，杨敬年译，西安：陕西人民出版社，2001。

袁方、王汉生：《社会研究方法教程》，北京：北京大学出版社，2009。

曾志伟：《企业成长浅论》，《南京经济学院学报》1999年第6期。

张红、葛宝山：《创业机会识别研究现状述评及整合模型构建》，《外国经济与管理》2014年第4期。

张龙、刘洪：《企业吸收能力影响因素研究述评》，《生产力研究》2003年第3期。

张青、曹尉：《社会资本对个人网络创业绩效影响的实证研究》，《研究与发展管理》2010年第1期。

张素平：《企业家社会资本影响企业创新能力的内在机制研究：基于资源获取的视角》，博士学位论文，浙江大学，2014。

张文宏：《社会资本：理论争辩与经验研究》，《社会学研究》2003年第4期。

张文彤：《SPSS统计分析高级教程》，北京：高等教育出版社，2004。

张秀娥：《创业管理》，厦门：厦门大学出版社，2012。

张秀娥、孙中博：《创业机会识别机制解析》，《云南社会科学》2012年第4期。

张秀娥、王勃：《创业警觉性、创造性思维与创业机会识别关系研究》，《社会科学战线》2013年第1期。

张秀娥、周荣鑫、王晔：《文化价值观、创业认知与创业决策的关系》，《经济问题探索》2012年第10期。

张雅培：《人力资本、社会资本对新创科技型企业成长渴望的影响研究》，硕士学位论文，吉林大学，2010。

张映红：《动态环境对公司创业战略与绩效关系的调节效应研究》，《中国工业经济》2008年第1期。

张玉利、陈寒松：《创业管理》，北京：机械工业出版社，2011。

张玉利、李新春：《创业管理》，北京：清华大学出版社，2006。

张玉利：《企业家型企业的创业与快速成长》，天津：南开大学出版社，2003。

张玉利、薛红志、杨俊：《论创业研究的学科发展及其对管理理论的挑战》，《外国经济与管理》2007年第1期。

张玉利、杨俊、任兵：《社会资本、先前经验与创业机会——一个交互效应模型及其启示》，《管理世界》2008年第7期。

张峥：《中国东北地区创业环境、公司创业导向与创业绩效关系研究》，博士学位论文，吉林大学，2011。

张之梅：《中外企业成长理论研究述评》，《山东经济》2010年第1期。

章丽萍、刘小丽：《创业者社会资本对创业活动的作用机理》，《中外企业家》2008年第12期。

章威：《基于知识的企业动态能力研究——嵌入性前因及创新绩效结果》，博士学位论文，浙江大学，2009。

赵荔、丁栋虹：《创业学习实证研究现状探析》，《外国经济与管理》2010年第7期。

赵晓：《企业成长理论与中国工业发展》，《首都经济贸易大学学报》1999年第5期。

赵延东、罗家德：《如何测量社会资本：一个经验研究综述》，《国外社会科学》2005年第2期。

赵延东：《社会资本理论的新进展》，《国外社会科学》2003年第3期。

郑兵云、李邃：《竞争战略、创新选择与企业绩效》，《科研管理》2011年第4期。

郑勤朴：《浅谈定量评价企业持续创新能力》，《理论与现代化》2001年第5期。

郑振宇、谢文锦、李永耀等：《情绪对于创业者及其创业过程的影响》，《科技创业月刊》2010年第1期。

仲伟伫、芦春荣：《环境动态性对创业机会识别可行性的影响路径研究——基于创业者个人特质》，《预测》2014年第3期。

周浩、龙立荣：《共同方法偏差的统计检验与控制方法》，《心理科学进展》2004年第6期。

周小虎：《基于社会资本理论的中小企业国际化战略研究综述》，《外国经济与管理》2006年第5期。

周星：《大学生社会网络对创业绩效的影响机制研究》，硕士学位论文，同济大学，2008。

朱慧、周根贵：《社会资本促进了组织创新吗？——一项基于Meta分析的研究》，《科学学研究》2013年第11期。

朱丽萍：《小微企业创业者社会资本对创业机会识别行为的影响研究》，硕士学位论文，天津财经大学，2013。

朱亚丽:《网络中心性对企业间知识转移影响的实证研究》,《技术经济》2008年第12期。

左晶晶:《大学生社会网络对科技型创业绩效的影响机制研究》,博士学位论文,复旦大学,2011。

Acs, Z. J., and Armington, C. *Entrepreneurship, Geography and American Economic Growth.* New York: Cambridge University Press, 2006.

Adler, P. S., and Kwon, S. W. Social Capital: Prospects for a New Concept. *The Academy of Management Review*, 2002, 27 (1): 17-40.

Ahuja, G., and Lampert, C. M. Entrepreneurship in the Large Corporation: A Longitudinal Study of How Established Firms Create Breakthrough Inventions. *Strategic Management Journal*, 2001, 22 (3): 563-585.

Ajzen, I., and Fishbein, M. *Understanding Attitudes and Predicting Social Behavior.* Englewood Cliffs, NJ: Prentice-Hall, 1980.

Ajzen, I. Attitudes, Traits, and Actions: Dispositional Prediction of Behavior in Social Psychology. *Advances in Experimental Social Psychology*, 1987, 20: 1-63.

Ajzen, I. The Theory of Planned Behaviour. *Organizational Behavior & Human Decision Processes*, 1991, 50: 179-211.

Aldershot, H. *The Entrepreneur: An Economic Theory.* Oxford: Martin Robertson; Reprinted: Gregg Revivals, 1991.

Aldrich, H. E., and Martinez, M. A. Manyare Called, but Few Are Chosen: An Evolutionary Perspective for the Study of Entrepreneurship. *Entrepreneurship Theory and Practice*, 2001, 25 (4): 41-57.

Aldrich, H. E., and Pfeffer, J. Environment of Organizations. *Annual Review of Sociology*, 1976, 2 (1): 76-105.

Aldrich, H. *Organizations and Environments.* Englewood, NJ: Prentice Hall, 1979.

Allinson, C. W., Chell, E., Hayes, J. Intuition and Entrepreneurial Behaviour. *European Journal of Work and Organizational Psychology*,

2000, 9 (1): 31 - 43.

Allport, G. W. Traits Revisited. *American Psychologist*, 1966, 21: 1 - 10.

Alsos, G. A., and Kaikkonen, V. Opportunities and Prior Knowledge: A Study of Experienced Entrepreneurs. In Zahra, S. A., Brush, C. G., Davidsson, P., et al. (Eds.), *Frontiers of Entrepreneurship Research*. Wellesley, MA: Boston College, 2004: 300 - 314.

Alsos, G. A., and Ljunggren, E. Does the Business Start-Up Process Differ by Gender?: A Longitudinal Study of Nascent Entrepreneurs. *Journal of Enterprising Culture*, 1998, 6 (4): 347 - 367.

Amit, R., Glosten, L., and Muller, E. Entrepreneurial Ability, Venture Investments, and Risk Sharing. *Management Science*, 1990, 36 (10): 1232 - 1245.

Anderson, A. R., and Miller, C. J. "Class Matters": Human and Social Capital in the Entrepreneurial Process. *Journal of Socio-Economics*, 2003, 32 (1): 17 - 36.

Ardichvili, A., Cardozo, R., and Ray, S. A Theory of Entrepreneurial Opportunity Identification and Development. *Journal of Business Venturing*, 2003, 18 (1): 105 - 123.

Audretsch, D. B. *The Entrepreneurial Society*. Oxford: Oxford University Press, 2007.

Auken, H. V., Fry, F. L., and Stephens, P. The Influence of Role Models on Entrepreneurial Intention. *Journal of Developmental Entrepreneurship*, 2006, 11 (2): 157 - 167.

Austin, J., Skillern, J. W. Social and Commercial Entrepreneurship: Same, Different, or Both?. *Entrepreneurship & Regional Development*, 2006.

Babb, E. M., Babb, S. V. Psychological Traits of Rural Entrepreneurs. *Working Paper*, 1992, 21 (4): 353 - 362.

Bagozzi, R. P., Baumgartner, J., and Yi, Y. An Investigation into the Role of Intentions as Mediators of the Attitude-Behavior Relationship.

Journal of Economic Psychology, 1989, 10 (1): 35 – 62.

Baker, T., Nelson, R. E. Creating Something from Nothing: Resource Construction through Entrepreneurial Bricolage. University of Illinois at Urbana-Champaign's Academy for Entrepreneurial Leadership Historical Research Reference in Entrepreneurship, 2005.

Balkundi, P., and Harrison, D. A. Ties, Leaders, and Time in Teams: Strong Inference about Network Structure's Effects on Team Viability and Performance. *Academy of Management Journal*, 2006, 49 (1): 49 – 68.

Bandura, A. *Self-Efficacy: The Exercise of Control*. New York, NY: Freeman, 1997.

Bandura, A. Self-Efficacy: Toward a Unifying Theory of Behavioral Change. *Advances in Behaviour Research & Therapy*, 1977, 1 (4): 139 – 161.

Bandura, A. Social Cognitive Theory: An Agentic Perspective. *Annual Review Psychology*, 2001, 52: 1 – 26.

Bandura, A. Social Foundations of Thought and Action: A Social Cognitive Theory. *Journal of Applied Psychology*, 1986, 12 (1): 169.

Barney, J. Firm Resources and Sustained Competitive Advantage. *Journal of Management*, 1991, 17 (1): 99 – 120.

Baron, R. A., and Tang, J. The Role of Entrepreneurs in Firm-Level Innovation: Joint Effects of Positive Affect, Creativity, and Environmental Dynamism. *Journal of Business Venturing*, 2011, 26 (1): 49 – 60.

Baron, R. M., and Kenny, D. A. The Moderator-Mediater Variable Distinction in Social Psychological Research: Conceptual, Strategic, and Statistical Considerations. *Journal of Personality and Social Psychology*, 1986, 51 (6): 1173 – 1182.

Barringer, B. R., Jones, F. F., and Neubaum, D. O. A Quantitative Content Analysis of the Characteristics of Rapid-Growth Firms and Their Founders. *Journal of Business Venturing*, 2005, 20 (5): 663 – 687.

Batjargal, B., and Liu, M. M. Entrepreneurs' Access to Private Equity in

China: The Role of Social Capital. *Organization Science*, 2004, 15 (2): 159 – 172.

Batjargal, B. Comparative Social Capital: Networks of Entrepreneurs and Venture Capitalists in China and Russia. *Management and Organization Review*, 2007, 3 (3): 397 – 419.

Batjargal, B., Hitt, M. A., Tsui, A. S., et al. Institutional Polycentrism, Entrepreneurs' Social Networks, and New Venture Growth. *Academy of Management Journal*, 2013, 56 (4): 1024 – 1049.

Batjargal, B. Internet Entrepreneurship: Social Capital, Human Capital, and Performance of Internet Ventures in China. *Research Policy*, 2007, 36 (5): 605 – 618.

Batjargal, B. Social Capital and Entrepreneurial Performance in Russia: A Longitudinal Study. *Organization Studies*, 2003, 24 (4): 535 – 556.

Baum, J. A. C., Calabrese, T., and Silverman, B. S. Don't Go It Alone: Alliance Network Composition and Startups' Performance in Canadian Biotechnology. *Strategic Management Journal*, 2000, 21 (3): 267 – 294.

Baum, J. R., Bird, B. J., and Singh, S. The Practical Intelligence of Entrepreneurs: Antecedents and a Link with New Venture Growth. *Personnel Psychology*, 2011, 64 (2): 397 – 425.

Baum, J. R., Locke, E. A., and Smith, K. G. A Multidimensional Model of Venture Growth. *Academy of Management Journal*, 2001, 44 (2): 292 – 303.

Baumol, W. J. Formal Entrepreneurship Theory in Economics: Existence and Bounds. *Journal of Business Venturing*, 1993, 8 (3): 197 – 210.

Baumol, W. J. The Role of Providence in the Social Order: An Essay in Intellectual History. *The Journal of Economic History*, 1977, 37 (4).

Baum, R. J., and Wally, S. Strategic Decision Speed and Firm Performance. *Strategic Management Journal*, 2003, 24 (11): 1107 – 1129.

Becker, G. *Human Capital* (3rd Edition). Chicago & London: The University of Chicago Press, 1993.

Begley, T. M., and Boyd, D. P. Psychological Characteristics Associated with Performance in Entrepreneurial Firms and Smaller Businesses. *Journal of Business Venturing*, 1987: 79 – 93.

Benner, M. J., and Tushman, M. Process Management and Technological Innovation: A Longitudinal Study of the Photography and Paint Industries. *Administrative Science Quarterly*, 2002, 47 (4): 676 – 706.

Bentler, P. M. *EQS 6 Structural Equations Program Manual*. Encino, CA: Multivariate Software, Inc., 2006.

Berman, S. L., Down, J., and Hill, C. W. L. Tacit Knowledge as a Source of Competitive Advantage in the National Basketball Association. *Academy of Management Journal*, 2002, 45 (1): 13 – 31.

Bettis, R. A., and Hitt, M. A. The New Competitive Landscape. *Strategic Management Journal*, 1995, 16 (S1): 7 – 9.

Bhuian, S. N., Menguc, B., and Bell, S. J. Just Entrepreneurial Enough: The Moderating Effect of Entrepreneurship on the Relationship between Market Orientation and Performance. *Journal of Business Research*, 2005, 58 (1): 9 – 17.

Biggart, N. W., and Guillén, M. F. Developing Difference: Social Organization and the Rise of the Auto Industries of South Korea, Taiwan, Spain, and Argentina. *American Sociological Review*, 1999, 64 (5): 722 – 747.

Bird, B. *Entrepreneurial Behavior*. Glenview, IL: Scott, Foresman and Co., 1989.

Bird, B. Implementing Entrepreneurial Ideas: The Case for Intention. *Academy of Management Review*, 1988, 13 (3): 442 – 453.

Birkinshaw, J. The Determinants and Consequences of Subsidiary Initiative in Multinational Corporations. *Entrepreneurship Theory and Practice*, 1999, 24 (1): 9 – 36.

Bonnett, C., Furnham, A. Who Wants to Be an Entrepreneur?. *A Study of Adolescents Interested in a Young Enterprise Scheme*, 1991, 12 (3): 465 - 478.

Boomsma, A. The Robustness of Maximum Likelihood Estimation in Structural Equation Models. In Cuttance, P., and Ecob, R. (Eds.), *Structural Modeling by Example: Applications in Educational, Sociological, and Behavioral Research*. New York: Cambridge University Press, 1987.

Bornstein, D., and House, H. *So You Want to Change the World?: The Emergence of Social Entrepreneurship and the Rise of the Citizen Sector*. Toronto: Hart House, University of Toronto, 2005.

Bosma, N., Jones, K., Autio, E., and Levie, J. Global Entrepreneurship Monitor: 2007 Executive Report. *Global Entrepreneurship Monitor*, 2008. [2014 - 11 - 17]. http://www.gemconsortium.org/assets/uploads/1312480133GEM_2007_Executive_Report.pdf.

Bourdieu, P. The Form of Capital. In Richardson, J. G. (Ed.), *Handbook of Theory and Research for the Sociology of Education*. New York: Greenwood, 1985: 241 - 258.

Boyd, N., and Vozikis, G. The Influence of Self-Efficacy on the Development of Entrepreneurial Intentions and Actions. *Entrepreneurship Theory and Practice*, 1994, 18 (4): 63 - 77.

Brandstatter, H. Becoming an Entrepreneur—A Question of Personality Structure. *Journal of Economic Psychology*, 1997, 18: 157 - 177.

Brockhaus, R. H., Horwitz, P. S. *Endogenous Growth Theory*. Cambridge, MA: MIT Press, 1985.

Brockhaus, R. H. Psychological and Environmental Factors Which Distinguish the Successful from the Unsuccessful Entrepreneur: A Longitudinal Study. *Academy of Management Proceedings*, 1980, 1: 368 - 372.

Brockhaus, W. L. A Model for Success in Mergers and Acquisitions. *Advanced Management Journal*, 1975.

Brown, D. L. Computerized Rules of Thumb for Factorial Analysis of Variance Tables. *Educational and Psychological Measurement*, 1974, 34 (1): 145 – 146.

Brush, C. G., and Chaganti, R. Businesses without Glamour? An Analysis of Resources on Performance by Size and Age in Small Service and Retail Firm. *Journal of Business Venturing*, 1999, 14 (3): 233 – 257.

Brush, C. G., and Vanderwerf, P. A Comparison of Methods and Sources for Obtaining Estimates of New Venture Performance. *Journal of Business Venturing*, 1992, 7 (2): 157 – 172.

Brush, C. G., Edelman, L. F., and Manolova, T. S. The Effects of Initial Location, Aspirations, and Resources on Likelihood of First Sale in Nascent Firms. *Journal of Small Business Management*, 2008, 46 (2): 159 – 182.

Bruyat, C., and Julien, P. A. Defining the Field of Research in Entrepreneurship. *Journal of Business Venturing*, 2000, 16 (2): 165 – 180.

Buederal, J., Preisendoerfer, P., and Ziegler, R. Survival Chances of Newly Founded Business Organizations. *American Sociological Review*, 1992, 57 (2): 227 – 242.

Burt, R. S. Structural Holes versus Network Closure as Social Capital. In Lin, N., Cook, K., and Burt, R. S. (Eds.), *Social Capital: Theory and Research. Sociology and Economics: Controversy and Integration series*. New York: Aldine de Gruyter, 2001: 31 – 56.

Burt, R. Structural Holes and New Ideas. *American Journal of Sociology*, 2004, 110 (2): 349 – 399.

Burt, R. *Structural Holes: The Social Structure of Competition*. Cambridge: Harvard University Press, 1992.

Busenitz, L. W., Barney, J. B. Differences between Entrepreneurs and Managers in Large Organizations: Biases and Heuristics in Strategic Decision-Making. *Journal of Business Venturing*, 1997, 12: 9 – 30.

Buttner, E. H., Rosen, B. Rejection in the Loan Application Process: Male and Female Entrepreneurs' Perceptions and Subsequent Intentions. *Journal of Small Business Management*, 1921, (1): 58–65.

Bygrave, W. D., and Timmons, J. *Venture Capital at the Crossroads*. Boston: Harvard Business School Press, 1992.

Bygrave, W., Hofer, C. Theorizing about Entrepreneurship. *Entrepreneurship Theory and Practice*, 1991, 16 (2): 13–22.

Bygrave, W., and Minniti, M. The Social Dynamics of Entrepreneurship. *Entrepreneurship Theory & Practice*, 2000, 24 (3): 25–36.

Campbell, K. E., and Lee, B. A. Name Generators in Surveys of Personal Networks. *Social Networks*, 1991, 13 (3): 203–221.

Carland, J. A., Carland, J. W. *The Theoritetical Bases and Dimensionality of the Carland Entrepreneurship Index*. Proceedings of the RISE 96 Conference, University of Jyvaskylâ, Finlândia, 1996: 1–24.

Carter, N. M., Gartner, W. B., Shaver, K. G., Gatewood, E. J. The Career Reasons of Nascent Entrepreneurs. *Journal of Business Venturing*, 2003, 18 (1): 13–39.

Casson, M. *The Entrepreneur*. Totowa, NJ: Barnes & Noble Books, 1982.

Cattell, R. B., Barton, K., & Dielman, T. E. Prediction of School Achievement from Motivation, Personality, and Ability Measures. *Psychological Reports*, 1972, 30 (1): 35–43.

Cavazos, D. E., Patel, P., and Wales, W. Mitigating Environmental Effects on New Venture Growth: The Critical Role of Stakeholder Integration across Buyer and Supplier Groups. *Journal of Business Research*, 2012, 65 (9): 1243–1250.

Chaganti, R., Cook, R., and Smeltz, W. J. Effects of Styles, Strategies, and Systems on the Growth of Small Businesses. *Journal of Developmental Entrepreneurship*, 2002, 7 (2): 175–192.

Chandler, A. D. Organizational Capabilities and the Economic History of the

Industrial Enterprise. *Journal of Economic Perspectives*, 1992, 6 (3): 79 – 100.

Chandler, G. An Evaluationof College and Low Income Youth Writing Together: Self-Discovery and Cultural Connection. *Issues in Comprehensive Pediatric Nursing*, 2002, 25: 255 – 269.

Chandler, G. N., and Hanks, S. H. Founder Competence, the Environment, and Venture Performance. *Entrepreneurship Theory and Practice*, 1994, 18 (3): 77 – 89.

Chandler, G. N., and Jansen, E. The Founder's Self-Assessed Competence and Venture Performance. *Journal of Business Venturing*, 1992, 7 (3): 223 – 236.

Chandler, G. N. Business Similarity as a Moderator of the Relationship between Pre-Ownership Experience and Venture Performance. *Entrepreneurship Theory and Practice*, 1996, 20 (3): 51 – 65.

Chen, C. C., Green, P. G., and Crick, A. Does Entrepreneurial Self-Efficacy Distinguish Entrepreneurs from Managers? . *Journal of Business Venturing*, 1998, 13 (4): 295 – 316.

Child, J. Organizational Structure, Environment and Performance: The Role of Strategic Choice. *Sociology*, 1972, 6 (1): 1 – 22.

Choi, Y. R., Levesque, M., and Shepherd, D. A. When Should Entrepreneurs Expedite or Delay Opportunity Exploitation? . *Journal of Business Venturing*, 2008, 23 (3): 333 – 355.

Chrisman, J. J., Bauerschmidt, A., and Hofer, C. W. The Determinants of New Venture Performance: An Extended Model. *Entrepreneurship Theory and Practice*, 1998, 23 (1): 5 – 29.

Chrisman, J. J., McMullan, E., and Hall, J. The Influence of Guided Preparation on the Long-Term Performance of New Ventures. *Journal of Business Venturing*, 2005, 20 (6): 769 – 791.

Ciavarella, M. A., Buchholtz, A. K., Riordan, C. M., et al. The Big

Five and Venture Survival: Is There a Linkage? . *Journal of Business Venturing*, 2004, 19 (4): 465 – 483.

Coleman, J. S. *Foundations of Social Theory*. Cambridge: The Belknap Press, 1990.

Coleman, J. S. Social Capital in the Creation of Human Capital. *The American Journal of Sociology*, 1988, 94: S95 – S120.

Cooper, A. C., Gimeno-Gascon, F. J., and Woo, C. Y. Initial Human and Financial Capital as Predictors of New Venture Performance. *Journal of Business Venturing*, 1994, 9 (5): 371 – 395.

Cope, J. Entrepreneurial Learning and Critical Reflection Discontinuous Events as Triggers for "Higher-Level" Learning. *Management Learning*, 2003, 34 (34): 429 – 450.

Cope, J. Entrepreneurial Learning from Failure: An Interpretative Phenomenological Analysis. *Journal of Business Venturing*, 2011, 26 (6): 604 – 623.

Cope, J. Toward a Dynamic Learning Perspective of Entrepreneurship. *Entrepreneurship Theory and Practice*, 2005, 29 (4): 373 – 397.

Cope, J., Watts, G. Learning by Doing—An Exploration of Experience, Critical Incidents and Reflection in Entrepreneurial Learning. *International Journal of Entrepreneurial Behaviour & Research*, 2000, 6: 104 – 124.

Corbett, A. C. Experiential Learning Within the Process of Opportunity Identification and Exploitation. *Entrepreneurship Theory and Practice*, 2005, 29 (4): 473 – 491.

Corbett, A. C. Learning Asymmetries and the Discovery of Entrepreneurial Opportunities. *Journal of Business Venturing*, 2007, 22 (1): 97 – 118.

Covin, J. G., and Slevin, D. A Conceptual Model of Entrepreneurship as Firm Behavior. *Entrepreneurship Theory and Practice*, 1991, 16 (1): 7 – 25.

Davidsson, P., and Delmar, F. High-Growth Firms: Characteristics, Job Contribution and Method Observations. *RENT Conference*, *Mannheim*, *Germany*, 1997. [2014 - 11 - 28]. http://eprints. qut. edu. au/68083/2/68083. pdf.

Davidsson, P., and Henrekson, M. Determinants of the Prevalence of Start-Ups and High-Growth Firms. *Small Business Economics*, 2002, 19 (2): 81 - 104.

Davidsson, P., and Honig, B. The Role of Social and Human Capital among Nascent Entrepreneurs. *Journal of Business Venturing*, 2003, 18 (3): 301 - 331.

Davidsson, P. Continued Entrepreneurship: Ability, Need and Opportunity as Determinants of Small Firm Growth. *Journal of Business Venturing*, 1991, 6 (6): 405 - 429.

Deakins, D., and Freel, M. Entrepreneurial Learning and the Growth Process in SMEs. *The Learning Organization*, 1998, 5 (3): 144 - 155.

Deakins, D., and Wyper, J. A Longitudinal and Dynamic Approach to Entrepreneurial Learning. *New Zealand Journal of Employment Relations*, 2010, 35 (1): 35 - 47.

Deakins, D., O'Neill, E., and Mileham, P. Executive Learning in Entrepreneurial Firms and the Role of External Directors. *Education and Training*, 2000, 42 (4/5): 317 - 325.

Delmar, F., and Shane, S. Does Business Planning Facilitate the Development of New Ventures?. *Strategic Management Journal*, 2003, 24: 1165 - 1185.

Delmar, F. Measuring Growth: Methodological Considerations and Empirical Results. In Donckels, R., and Miettinen, A. (Eds.), *Entrepreneurship and SME Research: On Its Way to the Next Millennium*. Aldershot. England: Ashgate, 1997: 199 - 216.

Del Monte, A., and Papagni, E. R&D and the Growth of Firms: Empirical

Analysis of a Panel of Italian Firms. *Research Policy*, 2003, 32 (6): 1003 – 1014.

Dess, G. G., and Beard, D. W. Dimensions of Organizational Task Environment. *Administrative Science Quarterly*, 1984, 29: 52 – 73.

DeVellis, R. F. *Scale Development: Theory and Applications* (Applied Social Research Methods Series, Vol. 26). Newbury Park: Sage, 1991.

Dierickx, I., and Cool, K. Asset Stock Accumulation and Sustainability of Competitive Advantage. *Management Science*, 1989, 35 (12): 1504 – 1515.

Dimitratos, P., Lioukas, S., Carter, S. The Relationship between Entrepreneurship and International Performance: The Importance of Domestic Environment. *International Business Review*, 2004, 13 (1): 19 – 41.

Diochon, M., Menzies, T. V., and Gasse, Y. Exploring the Relationship between Start-Up Activities and New Venture Emergence: A Longitudinal Study of Canadian Nascent Entrepreneurs. *International Journal of Management and Enterprise Development*, 2005, 2 (3/4): 408 – 426.

Doty, D. H., Glick, W. H., and Huber, G. P. Fit, Equifinality, and Organizational Effectiveness: A Test of Two Configurational Theories. *Academy of Management Journal*, 1993, 36 (6): 1196 – 1250.

Down, C. M. *Working Theories in Practice: Perceptions on the Transfer of Competence Across Workplace Contexts*. International Conference on Postcompulsory Education & Training. Centre for Learning and Work Research, Griffith University, 1999.

Drnovsek, M., and Erikson, T. Competing Models of Entrepreneurial Intentions. *Economic and Business Review for Central and South-Eastern Europe*, 2005, 7 (1): 55 – 71.

Drucker, P. The Discipline of Innovation. *Harvard Business Review*, 1985, (63): 67 – 73.

Duncan, K. D. Characteristics of Organizational Environments and Perceived

Environmental Uncertainty. *Administrative Science Quarterly*, 1972, 17 (3): 313 – 327.

Dunkelberg, W. G., Cooper, A. C. Patterns of Small Business Growth. *Academy of Management Annual Meeting Proceedings*, 1982, (1): 409 – 413.

Dutton, J. E., Jackson, S. E. Categorizing Strategic Issues: Links to Organizational Action. *Academy of Management Review*, 1987, 12 (1): 76 – 90.

Eby, L. T., and Dobbins, G. H. Collectivistic Orientation in Teams: An Individual and Group Level Analysis. *Journal of Organizational Behavior*, 1997, 18 (1): 275 – 295.

Eckhardt, J. T., and Shane, S. A. Opportunities and Entrepreneurship. *Journal of Management*, 2003, 29 (3): 333 – 349.

Eckhardt, J. T., Shane, S., Delmar, F. Multistage Selection and the Financing of New Ventures. *Post-Print*, 2006, 52 (2): 220 – 232.

Eisenhardt, K. M. and Martin, M. Dynamic Capabilities: What Are They? . *Strategic Management Journal*, 2000, 21 (10): 1105 – 1121.

Eisenhardt, K. M., and Schoonhoven, C. B. Organizational Growth: Linking Founding Team Strategy, Environment, and Growth among U. S. Semiconductor Ventures, 1978 – 1988. *Administrative Science Quarterly*, 1990, 35 (3): 504 – 529.

Elenurm, T., Alas, R. Features of Successful Entrepreneurs in Estonia and Changing Organisational Development Challenges. *Baltic Journal of Management*, 2009, 4 (3): 318 – 330.

Elfring, T., and Hulsink, W. Networks in Entrepreneurship: The Case of High-Technology Firms. *Small Business Economies*, 2003, 21 (4): 409 – 422.

Elfving, J., Brännback, M., and Carsrud, A. Toward a Contextual Model of Entrepreneurial Intentions. In Carsrud, A. L., and Brännback, M. (Eds.), *Understanding the Entrepreneurial Mind, Opening the Black*

Box. New York: Springer, 2009: 23 – 33.

Elfving, J. *Contextualizing Entrepreneurial Intentions: A Multiple Case Study on Entrepreneurial Cognition and Perception.* Turku: Åbo Akademi Förlag, 2008.

Erikson, T. Towards a Taxonomy of Entrepreneurial Learning Experiences among Potential Entrepreneurs. *Journal of Small Business and Enterprise Development*, 2003: 106 – 112.

Firkin, P. Entrepreneurial Capital: A Resource Based Conceptualization of the Entrepreneurial Process, 2001. http://Imd. massey. ac. nz/documents/Working Paper No7. pdf.

Fishbein, M., and Ajzen, I. *Belief, Attitude, Intention, and Behavior: An Introduction to Theory and Reading.* MA: Addison-Wesley, 1975.

Florin, J., Lubatkin, M., and Schulze, W. A Social Capital Model of High-Growth Ventures. *The Academy of Management Journal*, 2003, 46 (3): 374 – 384.

Fornell, C., and Larcker, D. F. Evaluating Structural Equation Models with Unobservable Variables and Measurement Error. *Journal of Marketing Research*, 1981, 18 (1): 39 – 50.

Fornoni, M., Arribas, I., and Vila, J. E. Measurement of an Individual Entrepreneur's Social Capital: A Multidimensional Model. *International Entrepreneurship and Management Journal*, 2011, 7 (4): 495 – 507.

Francis, D. H., Banning, K. Who Wants to Be an Entrepreneur? . *Journal of Academy of Business Education*, 2001, 1 (2): 5 – 11.

Fukuyama, F. *Trust: The Social Virtues and the Creation of Prosperity*, New York: Free Press, 1995.

Fung, H. G., Xu, X. Q., and Zhang, Q. Z. On the Financial Performance of Private Enterprises in China. *Journal of Developmental Entrepreneurship*, 2007, 12 (4): 399 – 414.

Furnham, A. Who Wants to Be an Entrepreneur? A Study of Adolescents Interested in a Young Enterprise Scheme February 1991. Journal of Economic Psychology, 1991, 12 (3): 465 – 478.

Gaglio, C. M., and Katz, J. A. The Psychological Basis of Opportunity Identification: Entrepreneurial Alertness. *Small Business Economics*, 2001, 16 (2): 95 – 111.

Gartner, W. B. A Conceptual Frame Work for Describing the Phenomenon of Firm Creation. *The Academy of Management Review*, 1995, 10 (4): 696 – 709.

Gartner, W. B. A Conceptual Framework for Describing the Phenomenon of New Venture Creation. *Academy of Management Review*, 1985, 10: 696 – 706.

Gartner, W. B., Starr, J. A., and Bhat, S. Predicting New Venture Survival: An Analysis of "Anatomy of a Start-Up" Cases from Inc. Magazine. *Journal of Business Venturing*, 1999, 14 (2): 215 – 232.

Gartner, W. B., & Starr, J. A. The Nature of Entrepreneurial Work. *Entrepreneurship Research: Global Perspectives*, 1993: 35 – 67.

Gatewood, E. J., Shaver, K. G., Gartner, W. B. A Longitudinal Study of Cognitive Factors Influencing Start-Up Behaviors and Success at Venture Creation. *Journal of Business Venturing*, 1995: 10 (5): 371 – 391.

Gelderen, M. V., Jansen, S. P. Learning Opportunities and Learning Behaviours of Small Business Starters: Relations with Goal Achievement, Skill Development and Satisfaction. *Small Business Economics*, 2005: 25.

Gergen, K. K. *An Invitation to Social Construction*. London: Sage, 1999.

Gibb, J. R. Joy Self Attained. *Contemporary Psychology*, 1969, 14 (4): 199 – 201.

Gielnik, M. M., Frese, M., Graf, J. M., and Kampschulte, A. Creativity in the Opportunity Identification Process and the Moderating Effect of Diversity of Information. *Journal of Business Venturing*, 2012, 27 (5): 559 – 576.

Gilbert, B. A., McDougall, P. P., and Audretsch, D. B. New Venture Growth: A Review and Extension. *Journal of Management*, 2006, 32 (6): 926 – 950.

Gimeno, J., Folta, T. B., Cooper, A. C., and Woo, C. Y. Survival of the Fittest? Entrepreneurial Human Capital and the Persistence of Underperforming Firms. *Administrative Science Quarterly*, 1997, 42 (4): 750 – 783.

Granovetter, M. Economic Action and Social Structure: The Problem of Embeddedness. *American Journal of Sociology*, 1985, 91 (3): 481 – 510.

Granovetter, M. *Problems of Explanation in Economic Sociology*. Boston: Harvard Business School Press, 1992: 25 – 56.

Granovetter, M. The Strength of Weak Ties. *American Journal of Sociology*, 1973, 78 (6): 1360 – 1380.

Grant, R. M. Toward a Knowledge-Based Theory of The Firm. *Strategic Management Journal*, 1996, 17: 109 – 122.

Greeno, J. G., Collims, A. M., Resnick, L. B. Cognition and Learning. In Dc Berliner, D. C., & Calfee, R. C. (Eds.), *Handbook of Educational Psychology*, 1996.

Gregory, R. J. *Psychological Testing: History, Principles, and Applications*. Boston: Allyn and Bacon, 1992.

Greiner, L. E. Evolution and Revolution as Organizations Grow. *Harvard Business Review*, 1972, 50 (4): 37 – 46.

Greve, A., and Salaff, J. W. Social Networks and Entrepreneurship. *Entrepreneurship Theory and Practice*, 2003, 28 (1): 1 – 22.

Grégoire, D. A., and Shepherd, D. A. Technology-Market Combinations and the Identification of Entrepreneurial Opportunities: An Investigation of the Opportunity-Individual Nexus. *Academy of Management Journal*, 2012, 55 (4): 753 – 785.

Grossman, G. M., and Helpman, E. Endogenous Innovation in the Theory of Growth. *Journal of Economic Perspectives*, 1994, 8 (1): 23 -44.

Gruber, M., Macmillan, I. C., and Thompson, J. D. Look before You Leap: Market Opportunity Identification in Emerging Technology Firms. *Management Science*, 2008, 54 (9): 1652 -1665.

Grundstén, H. Entrepreneurial Intentions and the Entrepreneurial Environment: A Study of Technology-Based New Venture Creation. *Social Science Electronic Publishing*, 2004, 1 (4): 237 -262.

Gulati, R. Network Location and Learning: The Influence of Network Resources and Firm Capabilities on Alliance Formation. *Strategic Management Journal*, 1999, 20 (5): 397 -420.

Hakansson, H., and Johanson, J. A Model of Industrial Networks. In Axelsson, B., and Easton, G. (Eds.), *Industrial Networks: A New View of Reality*. London: Routledge, 1992: 28 -34.

Hamel, G., and Prahalad, C. K. Strategy as Stretch and Leverage. *Harvard Business Review*, 1993, 71 (2): 75 -84.

Hamilton, E. Entrepreneurial Learning in Family Business. *Journal of Small Business and Enterprise Development*, 2011, 18 (1): 8 -26.

Hansemark, C. O. Need for Achievement, Locus of Control and the Prediction of Business Start-Ups: A Longitudinal Study. *Journal of Econmic Psychology*, 2003, 24 (3): 301 -319.

Hansen, E. L. Entrepreneurial Network and New Organization Growth. *Entrepreneurship Theory and Practice*, 1995, 19 (4): 7 -19.

Hansford, B., Tennent, L., and Ehrich, L. C. Business Mentoring: Help or Hindrance?. *Mentoring and Tutoring*, 2002, 10 (2): 101 -115.

Harrison, R. T., and Leitch, C. M. Entrepreneurial Learning: Researching the Interface between Learning and the Entrepreneurial Context. *Entrepreneurship: Theory & Practice*, 2005, 29 (4): 351 -371.

Hart, O. *Firms, Contracts, and Financial Structure*. Oxford: Oxford University Press, 1995.

Hills, G. E., Carson, D., Cromie, S., McGowan, P., and Hill, J. *Marketing and Entrepreneurship for SMEs: An Innovative Approach.* London: Prentice-Hall, 1995.

Hills, G., Lumpkin, G. T., and Singh, R. P. Opportunity Recognition: Perceptions and Behaviors of Entrepreneurs. In Reynolds, P., et al. (Eds.), *Frontiers of Entrepreneurship Research.* Babson Park, MA: Babson College, 1997: 168 – 182.

Hitt, M. A., Hoskisson, R. E., and Kim, H. International Diversification: Effects on Innovation and Firm Performance in Product-Diversified Firms. *Academy of Management Journal*, 1997, 40 (4): 767 – 798.

Hoang, H., and Antoneic, B. Network-Based Research in Entrepreneurship: A Critical Review. *Journal of Business Venturing*, 2003, 18 (2): 165 – 187.

Holcombe, R. G. Entrepreneurship and Economic Growth. *The Quarterly Journal of Austrian Economics*, 1998, 1 (2): 45 – 62.

Holcomb, T. R., et al. Architecture of Entrepreneurial Learning: Exploring the Link among Heuristics, Knowledge, and Action. *Entrepreneurship Theory and Practice*, 2009, 33 (1): 167 – 192.

Holt, D. H. *Entrepreneurship: New Venture Creation.* New Jersey: Prentice-Hall, 1992.

Hornaday, J. A., and Aboud, J. Characteristics of Successful Entrepreneurs. *Personnel Psychology*, 1971, 24 (2).

Huergo, E., and Jaumandreu, J. Firm Age, Process Innovation and Productivity Growth. *International Journal of Industrial Organization*, 2004, 22 (4): 541 – 559.

Ibrahim, A. B., and Goodwin, J. R. Perceived Causes of Success in Small Business. *Entrepreneurship Theory & Practice*, 1986, 11.

Jansen, J. P., Van Den Bosch, F. A. J., and Volberda, H. W. Managing Potential and Realized Absorptive Capacity: How Do Organizational Antecedents Matter? . *Academy of Management Journal*, 2005, 48 (6): 999 – 1015.

Jaworski, B. J., and Kohli, A. K. Market Orientation: Antecedents and Consequences. *Journal of Marketing*, 1993, 57 (3): 53 – 70.

Jeroen, P. J. The Decision to Exploit Opportunities for Innovation: A Study of High-Tech Small-Business Owners First. *Published Research Article*, 2012, 1.

Johannisson, B., and Pasillas, M. The Institutional Embeddedness of Local Inter-Firm Networks: A Leverage for Business Creation. *Entrepreneurship & Regional Development*, 2002, 14 (4): 297 – 315.

Johannisson, B. Paradigms and Entrepreneurial Network—Some Methodological Challenges. *Entrepreneurship & Regional Development*, 1995, 7 (3): 215 – 231.

Kale, P., Singh, H., and Perlmutter, H. Learning and Protection of Proprietary Assets in Strategic Alliances: Building Relational Capital. *Strategic Management Journal*, 2000, 21 (3): 217 – 237.

Katz, J. A. Entrepreneurship Researchers and Research Entrepreneurs: Problems in the Equitable Sharing of Research Data. *Journal of Business Venturing, Elsevier*, 1988, 3 (2): 89 – 95.

Katz, J., and Gartner, W. B. Properties of Emerging Organizations. *Academy of Management Review*, 1988: 429 – 441.

Keeley, R. H., and Roure, J. B. Management, Strategy and Industry Structure as Influences on the Success of New Firms: A Structural Model. *Journal Management Science*, 1990, 36 (10): 1256 – 1267.

Kickul, J., and Krueger, N. F. Toward a New Model of Intentions: The Complexity of Gender, Cognitive Style, Culture, Social Norms and Intensity on the Pathway to Entrepreneurship. *Centre for Gender in Organizations. Simmons School of Management*, 2005: 20.

Kim, M. S., Hunter, J. E. Relationships among Attitudes, Behavioral Intentions, and Behavior a Meta-Analysis of Past Research, Part 2. *Communication Research*, 1993, 20 (3): 331 - 364.

Kim, P. H., and Aldrich, H. E. Social Capital and Entrepreneurship. *Foundations and Trends in Entrepreneurship*, 2005, 1 (2): 55 - 104.

Kirzner, I. M. *Competition and Entrepreneurship*. University of Chicago Press, Chicago, 1973.

Kirzner, I. M. Entrepreneurial Discovery and the Competitive Market Process: An Austrian Approach. *Journal of Economic Literature*, 1997, 35 (1).

Kirzner, I. M. *Perception, Opportunity, and Profit*. University of Chicago Press, Chicago, 1979.

Kleindorfer, P. R., Singhal, K., and Wassenhove, L. N. Sustainable Operations Management. *Production and Operations Management*, 2005, 14 (4): 482 - 492.

Klyver, K., and Schott, T. How Social Network Structure Shapes Entrepreneurial Intentions. *Journal of Global Entrepreneurship Research*, 2011, 1 (1): 3 - 19.

Knight, H. F. *Risk, Uncertainty and Profit*. Boston: Houghton Mifflin Company, 1921.

Kogut, B. Joint Ventures: Theoretical and Empirical Perspectives. *Strategic Management Journal*, 1988, 9 (4): 319 - 332.

Kolb, D. A. *Experiential Learning: Experience as the Source of Learning and Development*. Englewood Cliffs, NJ: Prentice Hall, 1984.

Kolvereid, L. Organizational Employment versus Self-Employment: Reasons for Career Choice Intentions. *Entrepreneurship Theory and Practice*, 1996, 20 (3): 23 - 31.

Krueger, N. F, and Dickson, P. How Believing in Ourselves Increases Risk Taking: Self-Efficacy and Perceptions of Opportunity and Threat. *Decision Sciences*, 1994, 25: 385 - 400.

Krueger, N. F., Brazeal, D. V. Entrepreneurial Potential and Potential Entrepreneurs. *Entrepreneurship Theory and Practice*, 1994, 18: 91 – 104.

Krueger, N. F., & Carsrud, A. L. Entrepreneurial Intentions: Applying the Theory of Planned Behavior. *Entrepreneurship and Regional Development*, 1993, 5: 315 – 330.

Krueger, N. F., Reilly, M. D., and Carsrud, A. L. Competing Models of Entrepreneurial Intentions. *Journal of Business Venturing*, 2000, 15: 411 – 432.

Krueger, N. The Impact of Prior Entrepreneurial Exposure on Perceptions of New Venture Feasibility and Desirability. *Entrepreneurship Theory & Practice*, 1993, 18 (1): 5 – 21.

Kuratko, D. F., Hornsby, J. S., & Naffziger, D. W. An Examination of the Owner's Goals in Sustaining Entrepreneurship. *Journal of Small Business Management*, 1997, 35 (1): 24 – 33.

Leana, C. R., Pil, F. K. Social Capital and Organizational Performance: Evidence from Urban Public Schools. *Organization Science*, 2006, 17 (3): 353 – 366.

LeBrasseur, R., Zanibbi, L., and Zinger, T. J. Growth Momentum in the Early Stages of Small Business Start-Ups. *International Small Business Journal*, 2003, 21 (3): 315 – 330.

Lee, C., Lee, K., and Johannes, M. P. Internal Capabilities, External Networks, and Performance: A Study on Technology-Based Ventures. *Strategic Management Journal*, 2001, 22 (6 – 7): 615 – 640.

Lee, S. H., Wong, P. K. An Exploratory Study of Technopreneurial Intentions: A Career Anchor Perspective. *Journal of Business Venturing*, 2004, 19: 7 – 28.

Lee, S. M., and Peterson, S. J. Culture, Entrepreneurial Orientation, and Global Competitiveness. *Journal of World Business*, 2000, (35): 401 – 416.

Levin, R., and Leginsky, P. The Independent Social Worker as Entrepreneur. *Journal of Independent Social Work*, 1991, 5 (1): 89 – 99.

Liao, J., and Welsch, H. Roles of Social Capital in Venture Creation: Key Dimensions and Research Implications. *Journal of Small Business Management*, 2005, 43 (4): 345 – 362.

Liao, J., Li, J., and Gartner, W. B. Withdrawn: The Effects of Founding Team Diversity and Social Similarity on Venture Formation. *Journal of Business Venturing*, 2009.

Liao, J., Welsch, H., and Moutray, C. Start-Up Resources and Entrepreneurial Discontinuance: The Case of Nascent Entrepreneurs. *Journal of Small Business Strategy*, 2008, 19.

Lichtenstein, B. B., Carter, N. M., Dooley, K. J., Gartner, W. B. Complexity Dynamics of Nascent Entrepreneurship. *Journal of Business Venturing*, 2007, 22: 236 – 261.

Li, H. Y. How Does New Venture Strategy Matter in the Environment-Performance Relationship? . *Journal of High Technology Management Research*, 2001, 12 (2): 183 – 204.

Li, J. J., Zhou, K. Z., and Shao, A. T. Competitive Position, Managerial Ties, and Profitability of Foreign Firms in China: An Interactive Perspective. *Journal of International Business Studies*, 2008, 40 (2): 339 – 352.

Lin, N. Building a Network Theory of Social Capital. *Connections*, 1999, 22 (1): 28 – 51.

Lin, N. Social Networks and Status Attainment. *Annual Review of Sociology*, 1999, 25: 467 – 487.

Littunen, H., and Tohmo, T. The High Growth in New Metal-Based Manufacturing and Business Service Firms in Finland. *Small Business Economics*, 2003, 21 (2): 187 – 200.

Livesay, H. C. Entrepreneurial History. In Kent, C. A., Sexton, D. L., & Vesper, K. H. (Eds.), *Encyclopedia of Entrepreneurship*. Englewood Cliffs, NJ: Prentice Hall, 1982.

Li, Y. Q., Wang, X. H., Huang, L., Bai, X. How Does Entrepreneurs' Social Capital Hinder New Business Development? A Relational Embeddedness Perspective. *Journal of Business Research*, 2013, 66 (12): 2418 – 2424.

Long, W., and McMullan, W. Mapping the New Venture Opportunity Identification Process. In Hornaday, J. A., Tardley, F. A., Timmons, J. A., and Vesper, K. H. (Eds.), *Frontiers of Entrepreneurship Research*. Wellesley, MA: Babson College, 1984: 567 – 591.

Lotti, F., and Santarell, E., and Vivarelli, M. The Relationship between Size and Grow: The Cases of Italian Newborn Firms. *Applied Economics Letters*, 2001, 8 (7): 451 – 454.

Low, M. B., Abrahamson, E. Movements, Band Wagons, and Clones: Industry Evolution and the Entrepreneurial Process. *Journal of Business Venturing*, 1997, 12 (6): 435 – 457.

Lumpkin, G. T., and Dess, G. G. Linking Two Dimensions of Entrepreneurial Orientation to Firm Performance: The Moderating Role of Environment and Industry Life Cycle. *Journal of Business Venturing*, 2001, 16 (5): 429 – 451.

Lumpkin, G. T., and Lichtenstein, B. B. The Role of Organisational Learning in the Opportunity-Recognition Process. *Entrepreneurship: Theory and Practice*, 2005, 29: 451 – 472.

Lumpkin, G. T., and Dess, G. G. Clarifying the Entrepreneurial Orientation Construct and Linking It to Performance. *Academy of Management Review*, 1996, 21 (1): 135 – 172.

March, J. G. Exploration and Exploitation in Organizational Learning. *Organization Science*, 1991, 2 (1): 71 – 87.

March, J. G., Simon, H. A. The Future of Human Resource Management. *Human Resource Management*, 1958, 36 (1): 57 – 63.

McGrath, R. G., Macmillan, I. C., et al. *The Entrepreneurial Mindset*:

Strategies for Continuously Creating Opportunity in an Age of Uncertainty. Boston: Harvard Business School Press, 2000.

Macmillan, I. C. , Siegel, R. , Narasimha, P. N. S. Criteria Used by Venture Capitalists to Evaluate New Venture Proposals. *Journal of Business Venturing*, 1985, 1 (1): 119 – 128.

Manimala, M. J. Entrepreneurial Heuristics: A Comparison between High PI (Pioneering-Innovative) and Low PI Ventures. *Journal of Business Venturing*, 1992, 7 (6): 477 – 504.

Manolis, C. , Nygaard, A. , Stillerud, B. Uncertainty and Vertical Control: An International Investigation. *International Business Review*, 1997, 6 (5): 501 – 518.

Marcati, A. , Guido, G. , Peluso, A. M. The Role of SME Entrepreneurs' Innovativeness and Personality in the Adoption of Innovations. *Research Policy*, 2008, 37 (9): 1579 – 1590.

Marsh, S. J. , Stock, G. N. Building Dynamic Capabilities in New Product Development through Intertemporal Integration. *Journal of Product Innovation Management*, 2003, 20 (2): 6.

Martin, G. , et al. The Relationship between Economic Development and Business Ownership Revisited. *Entrepreneurship & Regional Development*, 2007.

Martin, O. , Rainer, K. S, Eva, S. R. Entrepreneurial Intention as Developmental Outcome. *Journal of Vocational Behavior*, 2010, 77: 63 – 72.

McClelland, D. C. , and Winter, D. G. *Motivating Economic Achievement.* New York: Free Press, 1971.

McClelland, D. C. *The Achievement Motive.* New York: Appleton-Century-Crofts, 1953.

McClelland, D. C. The Achievement Motive in Economic Growth. In Kilby, P. (Ed.), *Entrepreneurship and Economic Development.* New York: The Free Press, 1971: 108 – 122.

McClelland, D. C. *The Achieving Society.* Princeton, NJ: Van Nostrand Reinhold, 1961.

McClelland, D. C. Toward a Theory of Motive Acquisition. *American Psychologist*, 1965, 40: 812 – 825.

McEvily, B. , and Zaheer, A. Bridging Ties: A Source of Firm Heterogeneity in Competitive Capabilities. *Strategic Management Journal*, 1999, 20 (12): 1133 – 1156.

McGrath, R. G. , et al. Does Culture Endure, or Is It Malleable? Issues for Entrepreneurial Economic Development. *Journal of Business Venturing*, 1992, 7 (6): 441 – 458.

McKelvie, A. , and Chandler, G. N. New Venture Growth. Industry Constraints and Transaction Costs Babson College. *Babson Kauffman Entrepreneurship Research Conference (BKERC)*, 2011.

McMullen, J. S. , Shepherd, D. A. Entrepreneurial Action and the Role of Uncertainty in the Theory of the Entrepreneur. *Academy of Management Review*, 2006, 31 (1): 132 – 152.

Mead, G. H. *Mind, Self and Society.* Chicago, IL: University of Chicago Press, 1934.

Messick, S. Validity of Psychological Assessment: Validation of Inferences from Persons' Responses and Performances as Scientific Inquiry into Score Meaning. *American Psychologist*, 1995, 50 (9): 741 – 749.

Miles, R. E. , and Snow, C. C. *Organizational Strategy, Structure and Process.* New York: McGraw-Hill, 1978.

Miller, D. , and Friesen, P. Strategy-Making and Environment: The Third Link. *Strategic Management Journal*, 1983, 4 (3): 221 – 235.

Miller, D. The Correlates of Entrepreneurship in Three Types of Firms. *Management Science*, 1983, 29 (7): 770 – 791.

Miller, D. The Structural and Environmental Correlates of Business Strategy. *Strategic Management Journal*, 1987, 8: 55 – 76.

Miller, G. J. *Managerial Dilemmas: The Political Economy of Hierarchy*. Cambridge: Cambridge University Press, 1992.

Miller, M. H. Financial Innovation: The Last Twenty Years and the Next. *Journal of Financial and Quantitative Analysis*, 1986.

Milliken, F. J. Three Types of Perceived Uncertainty about the Environment: State, Effect and Response Uncertainty. *Academy of Management Review*, 1987, 12 (1): 133 – 143.

Mill, J. S. *Harvard Classics, Part 2 On Liberty*. New York: P. F. Collier & Son Company, 1848, 25.

Mill, J. S. Principles of Political Economy (Ⅲ): Exchange. *History of Economic Thought Books*, 2004, 3 (12): 327 – 328.

Minniti, M., and Bygrave, W. A Dynamic Model of Entrepreneurial Learning. *Entrepreneurship Theory and Practice*, 2001, 25 (3): 5 – 16.

Mintzberg, H. *Power in and around Organizations*. Englewood Cliffs, NJ: Prentice Hall, 1983.

Mitchell, R., Busenitz, L., Lant, T., et al. Toward a Theory of Entrepreneurial Cognition: Rethinking the People Side of Entrepreneurship Research. *Entrepreneurship Theory and Practice*, 2002, 27 (2): 93 – 104.

Molina-Morales, F. X., and Martínez-Fernández, M. T. Social Networks: Effects of Social Capital on Firm Innovation. *Journal of Small Business Management*, 2010, 48 (2): 258 – 279.

Moss, S., Prosser, H., Costello, H., et al. Reliability and Validity of the PAS-ADD Checklist for Detecting Psychiatric Disorders in Adults with Intellectual Disability. *Journal of Intellectual Disability Research*, 1998, 42: 173 – 183.

Mueller, R. O. Structural Equation Modeling: Back to Basics. *Structural Equation Modeling: A Multidisciplinary Journal*, 1997, 4 (4): 353 – 369.

Murphy, A. E. *Richard Cantillon: Entrepreneur and Economist*. Boston: Oxford University Press, 1775.

Murry, A. Top Management Group Heterogeneity and Firm Performance. *Strategic Management Journal*, 2009, 300: 125 – 141.

Nahapiet, J., and Ghoshal, S. Social Capital, Intellectual Capital and the Organizational Advantage. *Academy of Management Review*, 1998, 23 (2): 242 – 266.

Nikias, M. K., Budner, N. S., and Breakstone, R. S. Maintenance of Oral Home Care Preventive Practices: An Empirical Study in Two Dental Settings. *Journal of Public Health Dentistry*, 1982, 42 (1): 7 – 28.

Nunnally, J. C. *Psychometric Theory* (2nd ed.). New York: McGraw-Hill, 1978.

Olson, P. D., and Bokor, D. W. Strategy Process-Content Interaction: Effects on Growth Performance in Small Start-Up Firms. *Journal of Small Business Management*, 1995, 33 (1): 34 – 44.

Olver, J. M., Mooradian, T. A. Personality Traits and Personal Values: A Conceptual and Empirical Integration. *Working Paper*, 2003, 35 (1): 109 – 125.

Ostgaard, T. A., and Birley, S. New Venture Growth and Personal Networks. *Journal of Business Research*, 1996, 36 (1): 37 – 50.

Ozcan, C. P., and Eisenhardt, K. M. Origin of Alliance Portfolios: Entrepreneurs, Network Strategies, and Firm Performance. *Academy of Management Journal*, 2009, 52 (2): 246 – 279.

Ozgen, E., and Baron, R. A. Social Sources of Information in Opportunity Recognition: Effects of Mentors, Industry Networks, and Professional Forums. *Journal of Business Venturing*, 2007, 22 (2): 174 – 192.

Ozgen, E. *Entrepreneurial Opportunity Recognition: Information Flow, Social and Cognitive Perspectives*. New York: Rensselaer Polytechnic Institute, 2003: 1 – 265.

Palmer, M. The Application of Psychological Testing to Entrepreneurial Potential. *California Management Review*, 1971, 13 (3).

Papadaki, E., and Chami, B. Growth Determinants of Micro-Businesses in Canada. Ottawa: Industry Canada, 2002. [2014 - 12 - 30]. https://www. ic. gc. ca/eic/site/061. nsf/vwapj/growth_determinants. pdf/ $ FILE/growth_determinants. pdf.

Park, S. H., and Luo, Y. D. Guanxi and Organizational Dynamics: Organizational Networking in Chinese Firms. *Strategic Management Journal*, 2001, 22 (5): 455 - 460.

Parsons, T. *The Social System*. New York: Free Press, 1951.

Patel, P. C., and Fiet, J. O. Systematic Search and Its Relationship to Firm Founding. *Entrepreneurship Theory and Practice*, 2009, 33 (2): 501 - 526.

Pavlou, P. A., and El Sawy, O. A. From IT Leveraging Competence to Competitive Advantage in Turbulent Environments. *Information Systems Research*, 2006, 17 (3): 198 - 227.

Pena, I. Intellectual Capital and Business Start-Up Success. *Journal of Intellectual Capital*, 2002, 3 (2): 180 - 198.

Peng, M. W., and Luo, Y. Managrial Ties and Firm Performance in a Transition Economy: The Mature of a Micro-Macro Link. *Academy of Management Journal*, 2000, 43 (3): 486 - 501.

Penrose, E. *The Theory of the Growth of the Firm*. Oxford: Oxford University Press, 1959.

Petkova, A. P. A Theory of Entrepreneurial Learning from Performance Errors. *International Entrepreneurship and Management Journal*, 2009, 5 (4): 345 - 367.

Petrakis, P. E. Growth, Entrepreneurship and Structural Change: The Role of Risk. 3rd International Conference for Entrepreneurship and Macroeconomic Management, 2005.

Politis, D. Does Prior Start-Up Experience Matter for Entrepreneurs' Learning?: A Comparison between Novice and Habitual Entrepreneurs. *Journal of Small Business & Enterprise Development*, 2008, 15 (3): 472 - 489.

Politis, D. The Process of Entrepreneurial Learning: A Conceptual Framework. *Entrepreneurship Theory and Practice*, 2005, 29 (7): 399 -424.

Polkinghorne, D. *Narrative Knowing and the Human Sciences*. New York, NY: Suny Press, 1988.

Poon, J. M. L., Ainuddin, R. A., and Junit, S. H. Effects of Self-Concept Traits and Entrepreneurial Orientation on Firm Performance. *International Small Business Journal*, 2006, 24 (1): 61 -82.

Portes, A. Social Capital: Its Origins and Perspectives in Modern Sociology. *Annual Review of Sociology*, 1998, 24 (1): 1 -24.

Powell, W. W., Koput, K. W., and Smith-Doerr, L. Interorganizational Collaboration and the Locus of Innovation: Networks of Learning in Biotechnology. *Administrative Science Quarterly*, 1996, 41 (1): 116 -145.

Preacher, K. J., and Hayes, A. F. SPSS and SAS Procedures for Estimating Indirect Effects in Simple Mediation Models. *Behavior Research Methods, Instruments, & Computers*, 2004, 36 (4): 717 -731.

Priem, R. L., Love, L. G., and Shaffer, M. A. Executives' Perceptions of Uncertainty Sources: A Numerical Taxonomy and Underlying Dimensions. *Journal of Management*, 2002, 28 (6): 725 -746.

Putnam, R. D. Tuning in, Tuning out: The Strange Disappearance of Social Capital in America. *Political Science & Politics*, 1995, 28 (4): 664 -683.

Putnam, R. The Prosperous Community: Social Capital and Public Life. *American Prospect*, 1993, (13): 12 -35.

Rae, D., and Carswell, M. Towards a Conceptual Understanding of Entrepreneurial Learning. *Journal of Small Business and Enterprise Development*, 2001, 8 (2): 150 -158.

Rae, D., and Carswell, M. Using a Life-Story Approach in Researching Entrepreneurial Learning: The Development of a Conceptual Model and Its Implications in the Design of Learning Experiences. *Education and Training*, 2000, 42: 220-227.

Rae, D. Entrepreneurial Learning: A Conceptual Framework for Technology-Based Enterprise. *Technology Analysis & Strategic Management*, 2006, 18, 1: 39-56

Rae, D. Entrepreneurial Learning: A Narrative-Based Conceptual Model. *Journal of Small Business and Enterprise Development*, 2005, 12 (3): 323-335.

Rae, D. Understanding Entrepreneurial Learning: A Question of How? . *International Journal of Entrepreneurial Behaviour & Research*, 2000, 6 (3): 145-159.

Rae, S., and Donald, G. Science Knowledge and Its Sources: The Views of Scottish Children. *Curriculum Journal*, 1999.

Raijman, R. Determinants of Entrepreneurial Intentions: Mexican Immigrants in Chicago. *Journal of Socio-Economics*, 2001, 30 (5): 393-411.

Rauch, A., and Frese, M. Let's Put the Person Back into Entrepreneurship Research: A Meta-Analysis of the Relationship between Business Owners' Personality Characteristics and Business Creation and Success. *European Journal of Work and Organizational Psychology*, 2007, 16: 353-385.

Ravasi, D., Turati, C. Exploring Entrepreneurial Learning: A Comparative Study of Technology Development Projects. *Journal of Business Venturing*, 2005, 20 (1): 137-164.

Renzulli, L. A., Aldrich, H., and Moody, J. Family Matters: Gender, Networks, and Entrepreneurial Outcomes. *Social Forces*, 2000, 79 (2): 523-546.

Reuber, R. A., and Fischer, E. M. Entrepreneurs' Experience, Expertise, and the Performance of Technology-Based Firms. *IEEE Transactions of Engineering Management*, 1994, 41 (4): 365 - 374.

Reuber, R. A., and Fischer, E. M. The Learning Experiences of Entrepreneurs. *Frontiers of Entrepreneurship Research.* Wellesley, MA: Babson College Press, 1993: 234 - 245.

Reuber, R. A., Dyke, L. S., & Fischer, E. M. Experiential Acquired Knowledge and Entrepreneurial Venture Success. *Academy of Management Annual Meeting Proceedings*, 1990, (1): 69 - 73.

Reynolds, P., and Miller, B. New Firm Gestation: Conception, Birth, and Implications for Research. *Journal of Business Venturing*, 1992, 7 (6): 405 - 417.

Reynolds, P. D. New Firm Creation in the United States: A PSED I Overview. *Foundations and Trends (R) in Entrepreneurship*, 2007, 3 (10): 1 - 150.

Reynolds, P., Storey, D. J., Westhead, P. Cross-National Comparisons of the Variation in New Firm Formation Rates. *Regional Studies*, 1994, 28 (4): 443 - 456.

Robertson, I. T., Iles, P. A., Gratton, L., and Sharpley, D. The Impact of Personnel Selection and Assessment Methods on Candidates. *Human Relations*, 1991, 44: 963.

Rogers, E. M., and Larsen, J. K. *Silicon Valley Fever: Growth of High Technology Culture.* New York: Basic Books, 1984.

Rotter, J. Generalized Expectancies for Internal Verses External Control of Reinforcement. *Psychological Monographs*, 1966, 33 (1): 300 - 303.

Rumelt, R. P. Towards a Strategic Theory of the Firm. In Foss, Nicolai J. (Ed.), *Resources Firms and Strategies: A Reader in the Resource-Based Perspective.* Oxford: Oxford University Press, 1997: 131 - 145.

Sagie, A., Elizur, D. Achievement Motive and Entrepreneurial Orientation: A Structural Analysis. *Journal of Organizational Behavior*, 1999, 20

(3): 375 – 387.

Sahlman, W. A. Some Thoughts on Business Plans. In Sahlman, W. A., Stevenson, H. H., Roberts, M. J., and Bhide, A. V. (Eds.), *The Entrepreneurial Venture* (2nd ed.). Cambridge: Harvard Business School Press, 1999: 138 – 176.

Salman, N., and Saives, A. L. Indirect Networks: An Intangible Resource for Biotechnology Innovation. *R&D Management*, 2005, 35 (2): 203 – 215.

Samuelsson, M., and Davidsson, P. Does Venture Opportunity Variation Matter? Investigating Systematic Process Differences between Innovative and Imitative New Ventures. *Small Business Economics*, 2009, 33 (2): 229 – 255.

Samuelsson, M. Creating New Ventures: A Longitudinal Investigation of the Nascent Venturing Process. *Jönköping: Internationella Handelshög-skolan*, 2004.

Sarah, J. M., Gregory, N. S. Building Dynamic Capabilities in New Product Development through Intertem-Poral Integration. *Management Association*, 2003 (20): 136 – 148.

Sarasvathy, S. Causation and Effectuation: Toward a Theoretical Shift from Economic Inevitability to Entrepreneurial Contingency. *Academy of Management Review*, 2001, 28 (2): 243 – 263.

Schere, L. J. Tolerance of Ambiguity as a Discriminating Variable between Entrepreneurs and Managers. *Academy of Management Proceedings*, 1982, 1: 404 – 408.

Scherer, M. Corporate Inventive Output, Profits, and Growth. *Journal of Political Economy*, 1965, 73 (3): 290 – 297.

Schumpeter, J. A. The Analysis of Economic Change. *Review of Economics and Statistics*, 1935, 17 (4).

Schumpeter, J. A. *Theory of Economic Development*: An Inquiry into Profits,

Capital, Credit, Interest, and the Business Cycle. Cambridge: Harvard University Press, 1934.

Sequeira, J., Muller, S. L., and Mcgee, J. E. The Influence of Socialties and Selfefficacy in Forming Entrepreneurial Intentions and Motivating Nascent Behavior. *Journal of Developmental Entrepreneurship*, 2007, 12 (3): 275 – 293.

Sexton, D. L. Organizational Conflict: A Creative or Destructive Force. *Nursing Leadership*, 1980, 3 (3): 16 – 21.

Shane, S. *A General Theory of Entrepreneurship: The Individual – Opportunity Nexus.* Cheltenham, U. K. : Edward Elgar, 2003.

Shane, S., and Delmar, F. Planning for the Market: Business Planning before Marketing and the Survival of New Ventures. *Research on Entrepreneurship & Small Business Rent*, 2002.

Shane, S., and Venkataraman, S. The Promise of Entrepreneurship as a Field of Research. *Academy of Management Review*, 2000, 25 (1): 217 – 226.

Shane, S. Technological Opportunities and New Firm Creation. *Management Science*, 2001, 47 (2): 205 – 220.

Shapero, A., and Sokol, L. *The Social Dimensions of Entrepreneurship.* Englewood Cliffs, NY: Prentice Hall, 1982.

Sharma, P., and Chrisman, J. J. Toward a Reconciliation of the Definitional Issues in the Field of Corporate Entrepreneurship. *Entrepreneurship Theory & Practice*, 1999, 23.

Shepherd, D. A., and Krueger, N. F. An Intentions-Based Model of Entrepreneurial Teams' Social Cognitions. *Entrepreneurial Theory and Practice*, Winter, 2002: 1167 – 1186.

Shook, C. L., et al. Venture Creation and the Enterprising Individual: A Review and Synthesis. *Journal of Management*, 2003, 29 (3): 379 – 399.

Shotter, J. *Conversational Realities: Constructing Life through Language.*

London: Sage, 1993.

Sh, R., Bhide, S. Sources of Economic Growth: Regional Dimensions of Reforms. *Economic & Political Weekly*, 2000, 35 (42): 3747-3757.

Siegel, R., Siegel, E., and Macmillan, I. C. Characteristics Distinguishing High-Growth Ventures. *Journal of Business Venturing*, 1993, 8 (2): 169-180.

Silverman, M., Davids, A., and Andrews, J. M. Powers of Attention and Academic Achievement. *Perceptual and Motor Skills*, 1963, 17 (1): 243-249.

Simon, M. *Tales from the Dot-Com Economy*. New Statesman, 2000.

Singh, R. P. *Entrepreneurial Opportunity Recognition through Social Networks*. New York: Garland Publishing, 2000.

Sitkin, S., and Pablo, A. Reconceptualizing the Determinants of Risk Behavior. *Academy of Management Review*, 1992, 17: 9-38.

Stama, W., Arzlanian, S., and Elfring, T. Social Capital of Entrepreneurs and Smallfirm Performance: A Meta-Analysis of Contextual and Methodological Moderators. *Journal of Business Venturing*, 2014, 29 (1): 152-173.

Steel, P., and Konig, C. J. Integrating Theories of Motivation. *Academy of Management Review*, 2006, 31 (4): 889-913.

Stevenson, H. H., and Jarillo-Mossi, J. C. A Paradigm of Entrepreneurship: Entrepreneurial Management. *Strategic Management Journal*, 1990, 11 (4): 17-27.

Stewart, W. H., Carland, J. C., Carland, J. W., et al. Entrepreneurial Dispositions and Goal Orientations: A Comparative Exploration of United States and Russian Entrepreneurs. *Journal of Small Business Management*, 2010, 41 (1): 27-46.

Stogdill, R. M. The Evolution of Leadership Theory. *Academy of Management Proceedings*, 1975, 1: 4-6.

Storey, D. *Understanding the Small Business Sector.* London: Routledge, 1994.

Sullivan, R. Entrepreneurial Learning and Mentoring. *International Journal of Entrepreneurial Behaviour & Research*, 2000, 6 (3): 160 - 175.

Sutton, S. Explaining and Predicting Intentions and Behavior: How Well Are We Doing? . *Journal of Applied Social Psychology*, 1998, 28: 1318 - 1339.

Tang, J., and Murphy, P. J. Prior Knowledge and New Product and Service Introductions by Entrepreneurial Firms: The Mediating Role of Technological Innovation. *Journal of Small Business Management*, 2012, 50 (1): 41 - 62.

Tang, J. Environmental Munificence for Entrepreneurs: Entrepreneurial Alertness and Commitment. *Working Paper*, 2008, 14 (3): 128 - 151.

Tan, J. Culture, Nation, and Entrepreneurial Strategic Orientations: Implications for an Emerging Economy. *Entrepreneurship Theory & Practice*, 2002, 26 (4): 95 - 111.

Tan, J., Litschert, R. J. Environment-Strategy Relationship and Its Performance Implications: An Empirical Study of Chinese Electronics Industry. *Strategic Management Journal*, 1994, 15 (1): 1 - 20.

Taylor, D. W., and Thorpe, R. Entrepreneurial Learning: A Process of Co-Participation. *Journal of Small Business & Enterprise Development*, 2004, 11 (2): 203 - 211.

Teach, R. D., Schwartz, R. G., Tarpley, F. A. The Recognition and Exploitation of Opportunity in the Software Industry: A Study of Surviving Firms. *Frontiers of Entrepreneurship Research*, 1989: 383 - 397.

Teece, D. J., Pisano, G., and Shuen, A. Dynamic Capabilities and Strategic Management. *Strategic Management Journal*, 1997, 18 (7): 509 - 533.

Thakur, S. P. Size of Investment, Opportunity Choice and Human Resources in New Venture Growth: Some Typologies. *Journal of Business Venturing*, 1999, 14 (3): 283 - 309.

Thomas, A. S., & Mueller, S. L. A Case for Comparative Entrepreneurship: Assessing the Relevance of Culture. *Journal of International Business Studies*, 2000, 31 (2): 287-301.

Thompson, E. R. Individual Entrepreneurial Intent: Construct Clarification and Development of an Internationally Reliable Metric. *Entrepreneurship Theory and Practice*, 2009, 5: 1042-2587.

Timmons, J. A., Muzyka, D. F., Stevenson, H. M., and Bygrave, W. D. Opportunity Recognition: The Core of Entrepreneurship. In Churchill, N. (Ed.), *Frontiers of Entrepreneurial Research*. Wellesley, MA: Babson College, 1987: 42-49.

Timmons, J. A. *New Venture Creation: Entrepreneurship for 21st Century*. New York: McGraw-Hill, 1999.

Timmons, J. A., Smollen, L. E., and Dingee, A. L. M. *New Venture Creation: A Guide to Entrepreneurship*. 2nd Edition, Homewood, Illinois: Richard D. Irwin Inc., 1985.

Timmons, J. A., Spinelli, S., and Tan, Y. *New Venture Creation: Entrepreneurship for the 21st Century* (4). Irwin Burr Ridge, IL. 1994.

Tong, T. W., Reuer, J. J., and Peng, M. W. International Joint Ventures and the Value of Growth Options. *Academy of Management Journal*, 2008, 51 (5): 1014-1029.

Tornikoski, E., and Newbert, S. L. Networks, Networking Activity, and Organizational Emergence. *Frontiers of Entrepreneurship Research*, 2007.

Tsai, W., and Ghoshal, S. Social Capital and Value Creation: The Role of Intra-Firm Networks. *Academy of Management Journal*, 1998, 41 (4): 464-476.

Ucbasaran, D., Westhead, P., Wright, M., et al. Does Entrepreneurial Experience Influence Opportunity Identification?. *Journal of Private Equity*, 2009, 7 (1): 7-14.

Uzzi, B. Social Structure and Competition in Inter-Firm Networks: The Paradox of Embeddedness. *Administrative Science Quarterly*, 1997, 42 (1): 35 – 67.

Van Der Gaag, M. P. J., and Snijders, T. A. B. Proposals for the Measurement of Individual Social Capital. In Flap, H. D., and Völker, B. (Eds.), *Creation and Returns of Social Capital*. London: Routledge, 2004: 199 – 218.

Van Gelder, J. L., De Vries, R. E., Frese, M., and Goutbeek, J. P. Differences in Psychological Strategies of Failed and Operational Business Owners in the Fiji Islands. *Journal of Small Business Management*, 2007, 45 (3): 388 – 400.

Venkataraman, S., Macmillan, I. C. Choice of Organizational Mode in New Business Development: Theory and Propositions. In Sexton, D. L., and Smilor, R. W. (Eds.), Entrepreneurship 2000. Chicago: Upstart Publ, 1997: 151 – 166.

Vesper, K. H. *New Venture Strategies (Revised Edition)*. Englewood Cliffs (NJ): Prentice Hall, 1990.

Vygotsky, L. *Thought and Language*. Cambridge, MA: MIT Press, 1962.

Wagener, S., Gorgievski, M. J., Rijsdijk, S. A. Businessman or Host? Individual Differences between Entrepreneurs and Small Business Owners in the Hospitality Industry. *Service Industries Journal*, 2010, 30 (9): 1513 – 1527.

Wagner, J., and Sternberg, R. *Personal and Regional Determinants of Entrepreneurial Activities: Empirical Evidence from the Regional Entrepreneurship Monitor (REM) Germany*. Social Science Electronic Publishing, 2005.

Warren, L. A Systemic Approach to Entrepreneurial Learning: An Exploration Using Storytelling. *Systems Research and Behavioral Science*, 2004, 21 (1): 3 – 16.

Watkins, K. E., Marsick, V. J., Grant, W. M., Ellinger, A. D. The

Evolving Marsick and Watkins (1990). *Theory of Informal and Incidental Learning New Directions for Adult and Continuing Education*, 2018, 159: 21-36.

Weick, K. E. *Sensemaking in Organizations*. Thousand Oaks, CA: Sage Publications, 1995.

Welbourne, T. M. Valuing Employees: A Success Strategy for Fast Growth Firms and Fast Paced Individuals. In Reynolds, P., et al. (Eds.), *Frontiers of Entrepreneurship Research*. Babson Park, MA: Babson College, 1997: 17-31.

Welsh, J. A., and White J. F. A. Small Business Is Not a Little Big Business. *Harvard Business Review*, 1981, 1 (1): 95.

Wenger, E. Communities of Practice: Learning. *Continuing Success in Knowledge Management, APQC International Benchmarking Clearinghouse*, 1998, 29 (3): 259-272.

Wernerfelt, B. A Resource-Based View of the Firm. *Strategic Management Journal*, 1984, 5 (2): 171-180.

Westlund, H., and Bolton, R. Local Social Capital and Entrepreneurship. *Small Business Economics*, 2003, 21 (2): 77-113.

Wijbenga, F. H., and Van Witteloostuijn, A. Entrepreneurial Locus of Control and Competitive Strategies: The Moderating Effect of Environmental Dynamism. *Journal of Economic Psychology*, 2007, 28 (5): 566-589.

Wilson, F., Kickul, J., and Marlino, D. Gender, Entrepreneurial Self-Efficacy, and Entrepreneurial Career Intentions: Implications for Entrepreneurship Education. *Entrepreneurship Theory and Practice*, 2007, 30 (1): 387-406.

Winter, K. The Physician and the Human Psyche. *Zeitschrift für ärztliche Fortbildung*, 1973, 67 (7): 305-307.

Witt, P. Entrepreneurs' Networks and the Success of Start-Ups. *Journal Entrepreneurship & Regional Development*, 2004, 16 (5): 391-412.

Xavier, S. R., Kelley, D., Kew, J., et al. Global Entrepreneurship Monitor: 2012 Global Report. Babson Park, MA: Babson College, Universidad del Desarrollo, Universiti Tun Abdul Razak, London Business School, 2013.

Xin, K., and Pearce, J. Guanxi: Connections as Substitutes for Formal Institutional Support. *Academy of Management Journal*, 1996, 39 (6): 1641 – 1658.

Yang, K. S. Social Orientation and Individual Modernity among Chinese Students in Taiwan. *Journal of Social Psychology*, 1981, 113 (2): 159 – 170.

Yasuda, T. Firm Growth, Size, Age and Behavior in Japanese Manufacturing. *Small Business Economics*, 2005, 24 (1): 1 – 15.

Yli-Renko, H., Autio, E., and Sapienza, H. J. Social Capital, Knowledge Acquisition and Knowledge Exploitation in Young Technology-Based Firms. *Strategic Management Journal*, 2001, 22 (6 – 7): 587 – 613.

Yli-Renko, H., Autio, E., Tontti, V. Social Capital, Knowledge, and the International Growth of Technolog-Based New Firms. *International Business Review*, 2002, 11 (3): 279 – 304.

Young, J. E., and Sexton, D. L. Entrepreneurial Learning: A Conceptual Framework. *Journal of Enterprising Culture*, 1997, 5.

Young, N. M. Toward a Rethinking of Race, Culture and the African. *American Entrepreneur*, 2007.

Zahra, S. A., and Bogner, W. C. Technology Strategy and Software New Ventures Performance: Exploring the Moderating Effect of Competitive Environment. *Journal of Business Venturing*, 2000, 15 (2): 135 – 173.

Zahra, S. A. Governance, Ownership, and Corporate Entrepreneurship: The Moderating Impact of Industry Technological Opportunties. *Academy of Management Journal*, 1985, 39 (6): 1713 – 1735.

Zahra, S. A. Technology, Strategy, and New Venture Performance: A Study of Corporate-Sponsored and Independent Biotechnology Ventures. *Journal of Business Venturing*, 1996, 11 (4): 289 - 321.

Zeithaml, V. A., Varadarajan, P., and Zeithaml, C. P. The Contingency Approach: Its Foundations and Relevance to Theory Building and Research in Marketing. *European Journal of Marketing*, 1988, 22 (7): 37 - 63.

Zhang, M. Conceptualizing the Learning Process in SMEs. *International Small Business Journal*, 2006, 24 (3): 299 - 323.

Zhao, H., Seibert, S. E., and Hills, G. E. The Mediating Role of Self-efficacy in the Development of Entrepreneurial Intentions. *Journal of Applied Psychology*, 2005, 90: 1265 - 1272.

Zhao, L., and Aram, J. D. Networking and Growth of Young Technology-Intensive Ventures in China. *Journal of Business Venturing*, 1995, 10 (5): 349 - 370.

Zheng, W. A Social Capital Perspective of Innovation from Individuals to Nations: Where Is Empirical Literature Directing Us? *International Journal of Management Reviews*, 2010, 12 (2): 151 - 183.

Zimmer, C., Aldrich, H. E. Resource Mobilization through Ethnic Networks. *Sociological Perspectives*, 1987, 30: 422 - 445.

附 录

访谈提纲

一、创业者和企业的基本资料

1. 新创企业的主营业务是什么，属于哪个行业；
2. 新创企业的经营所在地；
3. 新创企业的成立时间；
4. 创业者从事创业活动之前的工作年限、所从事的行业。

二、创业者创业意愿、创业学习、创业机会识别和创业行为

1. 为完成创业做了哪些准备工作；
2. 创业者创业动机，创业过程中具有代表性的成功与失败经历；
3. 哪些因素对创业和企业发展具有重要影响；
4. 创业者与其他人有哪些区别；
5. 创业者怎样理解创业意愿，创业者与客户、供应商、合作伙伴以及政府之间的关系如何（联系人数量、联络频率、信任程度、必要性等）；
6. 创业者在创建企业过程中进行了哪些学习；
7. 创业所识别利用的创业机会的特点（来源、创新程度、是否容

易模仿等）；

8. 创业机会识别和创业过程是否顺利，新创企业如何克服机会识别过程中遇到的困难；

9. 哪些因素能够影响创业机会识别和创业开展的能力；

10. 新创企业所属行业的外部环境如何（政治、经济形势是否有利于创业，竞争状况，消费者偏好等）。

创业意愿、创业学习、创业机会识别与创业行为之间关系的调查问卷

尊敬的先生/女士：

您好！

本问卷是吉林财经大学进行的一项研究，在目前全社会鼓励自主创业的时代背景下，我们进行了这次问卷调查活动。旨在了解创业意愿、创业学习、创业机会识别与创业行为之间的关系，烦请您在百忙之中协助我们完成问卷的填写，您的回答对我们的研究结论非常重要，非常感谢您的热情帮助！

本问卷仅为创业领域学术研究所用，问卷无须填写姓名，选项更无对错之分，请勿多虑。更重要的是，您的每项选择对于我们的研究结果都至关重要，请您根据真实情况或感受作答。

非常感谢您的支持与合作！

★问卷填写说明：

1. 为获得相对准确有效的研究结论，希望企业的创办者或创业团队成员基于实际情况亲自回答；

2. 问卷中每题均请作答，在相应的选项处划√或在_____处填写；

3. 答案并无对错之分，请您根据实际情况填写；

4. 如果您希望获得本次调查的结果，请留下您的 E-mail：_____

第一部分：基本信息

1. 您的性别：A. 男　　B. 女
2. 您的年龄：
A. 25 岁及以下　　B. 26~30 岁　　C. 31~35 岁
D. 36~40 岁　　E. 41~45 岁　　F. 46 岁及以上
3. 您创业时的学历：
A. 高中及以下　B. 大专　C. 本科　D. 研究生
4. 您的专业背景：A. 理工类　B. 经济管理类　C. 文史类
　　　　　　　　D. 其他类
5. 您的所在地：A. 东北地区　B. 东部地区　C. 中部地区
　　　　　　　　D. 西部地区
6. 您的家人或朋友有无创业经历：A. 有　B. 无

第二部分：问卷

一、以下是对创业行为情况的描述，请您依据实际情况选择最合适的答案，在相应的表格内打"√"。

题项	完全不符合	基本不符合	一般符合	比较符合	完全符合
1. 为开始全职的事业，已经申请税务识别号码					
2. 正在开发一个产品或服务的过程中					
3. 正在组建一个创业团队					
4. 正在寻找一个企业的办公场所和所需的设备					
5. 正在撰写企业计划书					
6. 已经开始为投资企业攒钱					

二、以下是对创业者创业意愿情况的描述，请您依据实际情况选择最合适的答案，在相应的表格内打"√"。

题项	完全不符合	基本不符合	一般符合	比较符合	完全符合
1. 对我来说，开办自己的企业很有吸引力					
2. 我很想开办一个自己的企业					
3. 我想开办自己企业的意愿很强烈					
4. 我会很有热情地投入开办一个自己企业的事务中					
5. 我认为自己开办企业的可行性很高					
6. 我觉得自己开办企业会十分困难					
7. 我已经做好了开办一个自己企业的准备					

三、以下是对创业学习的描述，请您依据实际情况选择最合适的答案，在相应的表格内打"√"。

题项	完全不符合	基本不符合	一般符合	比较符合	完全符合
1. 我在创业过程中注重积累各种经验					
2. 积累和利用经验对于我创业的帮助很大					
3. 我不断反思先前的失败行为					
4. 我经常总结已发生的创业行为					
5. 我和团队都认为自身的经验是有限的，需要借助外部力量					
6. 在创业过程中我经常反思或借鉴他人的行为，这种学习对自己的帮助很大					
7. 我非常关注同行业中的"标杆"企业的行为					
8. 经常阅读相关书籍和文献或经常参与各种正式或非正式的讨论会以获取有价值的创业信息					

四、以下是对创业机会识别的描述，请您依据实际情况选择最合适的答案，在相应的表格内打"√"。

题项	完全不符合	基本不符合	一般符合	比较符合	完全符合
1. 我发现的机会具有独特性，不易被模仿					
2. 我发现的机会符合个人和社会价值					
3. 我发现的机会还未正式出现或普及					
4. 我发现的机会能够带来较高收益					
5. 拥有低成本的供货商，具有成本优势					
6. 我发现的机会能够获得销售渠道，持续产生利润，或已经拥有现成的网络					

五、以下是对环境不确定性的描述，请您依据当前所处环境的实际情况选择最合适的答案，在相应的表格内打"√"。

题项	完全不符合	基本不符合	一般符合	比较符合	完全符合
1. 企业的内部经营运作在很大程度上受到政府、社会公众、媒体及所在社区等的影响或干预					
2. 企业所在行业中，技术变化的速度很快					
3. 本行业的竞争强度越来越激烈					
4. 顾客对产品和服务的要求越来越高					

六、以下是对创业者特质的描述，请您依据实际情况选择最合适的答案，在相应的表格内打"√"。

题项	完全不符合	基本不符合	一般符合	比较符合	完全符合
1. 与低风险、低回报的机会相比，我更愿意选择高风险、高回报的创业机会					
2. 我渴望承担具有挑战性的工作					
3. 创业的成功与否主要取决于自己					

续表

题项	完全不符合	基本不符合	一般符合	比较符合	完全符合
4. 当存在不确定性决策时，我会积极对待，朝好的方面去想					

本问卷到此结束。

再次感谢您的支持与配合！祝您工作愉快！

2017 年 8 月

图书在版编目（CIP）数据

创业意愿与创业行为转化机制研究 / 刘宇娜著 . --北京：社会科学文献出版社，2021.4
ISBN 978 - 7 - 5201 - 8177 - 8

Ⅰ.①创… Ⅱ.①刘… Ⅲ.①创业 - 研究 Ⅳ.
①F241.4

中国版本图书馆 CIP 数据核字（2021）第 055050 号

创业意愿与创业行为转化机制研究

著　　者 / 刘宇娜

出 版 人 / 王利民
组稿编辑 / 高　雁
责任编辑 / 颜林柯
文稿编辑 / 王红平

出　　版 / 社会科学文献出版社·经济与管理分社（010）59367226
　　　　　 地址：北京市北三环中路甲29号院华龙大厦　邮编：100029
　　　　　 网址：www.ssap.com.cn
发　　行 / 市场营销中心（010）59367081　59367083
印　　装 / 三河市尚艺印装有限公司

规　　格 / 开　本：787mm × 1092mm　1/16
　　　　　 印　张：13.25　字　数：199 千字
版　　次 / 2021 年 4 月第 1 版　2021 年 4 月第 1 次印刷
书　　号 / ISBN 978 - 7 - 5201 - 8177 - 8
定　　价 / 98.00 元

本书如有印装质量问题，请与读者服务中心（010 - 59367028）联系

▲ 版权所有 翻印必究